VOM SINN DES BETENS

Erklärung und Gebete

Aus dem Französischen übersetzt.
Originaltitel:
»De la terre au Ciel – Le sens de la prière«

ISBN 978-3-89515-116-3

2. Auflage

Druck 2022: Interpress, Ungarn

Omraam Mikhaël Aïvanhov

Vom Sinn des Betens

Erklärung und Gebete

PROSVETA VERLAG

Inhalt

Teil I

Teil II

Teil III

Teil IV

F

G

H

N

O

P

R

S

U

V

W

Teil I

Von der Erde zum Himmel…
und vom Himmel zur Erde

Viele spirituelle Lehren haben die Vorstellung verbreitet, die Erde sei ein Exil und der Mensch dazu verurteilt, dort zu leben, während er darauf wartet, eines Tages in seine himmlische Heimat zurückzukehren. Aber warum sollten wir auf der Erde im Exil sein? Und selbst wenn dies der Fall wäre, so haben wir hier doch eine Arbeit zu tun, nachdem die göttliche Vorsehung uns ausgerechnet hierher geschickt hat. Ein Mensch, der sein Leben auf der Erde nicht erfüllt, kann auch im Himmel kein wahres Leben führen.

Wenn wir beten, richten wir unseren inneren Blick natürlich zum Himmel. Aber indem wir zum Himmel schauen, trachten wir nicht danach, uns von der Erde abzuwenden. Wenn wir den Himmel kontemplieren, wenn wir uns an Ihn wenden, so tun wir dies, um selbst zu Übermittlern des Himmels zu werden, um all das, was oben schön, rein, lichtvoll und ewig ist, auf die Erde herabzubringen. Warum sollte das Paradies nur oben sein, und hier unten auf der Erde immer Elend, Armut und Hässlichkeit herrschen? Nein, das Paradies muss auf die Erde herabkommen. Die kosmische Intelligenz hat uns nicht auf die Erde geschickt, damit wir, einmal hier angekommen, nur daran denken, sie zu verlassen, unter dem Vorwand, der Himmel sei unsere wahre Heimat. Für unsere körperliche und psychische Gesundheit ist es ebenso schädlich, die Erde für den Himmel aufgeben zu wollen, wie wenn wir den Himmel für die Erde aufgeben würden.

»So sollt ihr beten«, sagte Jesus:

»Vater unser im Himmel,
geheiligt werde Dein Name,
Dein Reich komme,
Dein Wille geschehe wie im Himmel so auf Erden.«

»Wie im Himmel so auf Erden«… Auf diese Weise macht Jesus uns die Verbindung bewusst, die zwischen der unteren Welt – der Erde – und der oberen Welt – dem Himmel – besteht. Sobald wir uns durch unsere Gedanken, Gefühle und Handlungen dessen bewusst geworden sind, müssen wir uns dem Himmel öffnen, um einen Strom reiner Energien kreisen zu lassen; so lange, bis die Ordnung, die Harmonie und die Schönheit, die oben herrschen, auf die Erde herabkommen. Ihr wendet ein, dies sei nicht möglich. Doch, es ist möglich. Das Reich Gottes auf Erden herabkommen zu lassen ist möglich.

Nichts ist wichtiger, als in uns den Himmel und die Erde vereinen zu können, was bedeutet, im Himmel leben zu lernen, ohne je den Sinn für die irdischen Wirklichkeiten zu verlieren. Da dieses Gleichgewicht schwierig zu verwirklichen ist, trifft man meistens entweder Idealisten, die nicht wissen, auf welchem Boden sie sich bewegen, oder aber Materialisten, die von den Erfordernissen des irdischen Lebens vollständig beherrscht sind. Deshalb besteht die Hauptaufgabe einer spirituellen Lehre darin, Menschen heranzubilden, die wissen, dass sie auf der Erde sind, um dort zu arbeiten, während sie sich innerlich der Verwirklichung eines göttlichen Ideals widmen. Sie werden eins mit diesem Ideal, sie verschmelzen mit ihm, ohne den Sinn für die Erde zu verlieren. Das sind die Menschen der Zukunft.

Wenn jemand natürlich plötzlich beschließen würde, die göttliche Ordnung in unserer so von Chaos und Gewalt erschütterten Welt durchzusetzen, wäre seine Unternehmung zum Scheitern verurteilt. Man kann die göttliche Ordnung nicht von außen und nicht mit Gewalt verordnen. Aber als Jesus betete, das Reich Gottes möge auf die Erde herabkommen, war die Erde, an die er vor allem dachte, der Mensch selbst. Das Reich Gottes muss zuerst in jedem Einzelnen kommen. Das Licht ist im Himmel, die Liebe, die Kraft sind im Himmel und genau dieses Licht, diese Liebe und diese Kraft müssen wir herabkommen lassen, um sie in unser Gehirn, unser Herz, unsere Lungen… unseren ganzen Körper einziehen zu lassen. So wird es uns nach jahrelangem Bemühen gelingen, in uns die Vereinigung von Himmel und Erde, von Geist und Materie, zu verwirklichen. Wenn diese Vereinigung einmal in uns verwirklicht ist, können wir dazu beitragen, sie auch in unserer Umgebung zu realisieren. Dies ist der Sinn der Worte Jesu.

Seit zweitausend Jahren rezitieren die Christen *»Dein Reich komme, Dein Wille geschehe wie im Himmel so auf Erden«*, aber sie gehorchen weiterhin nur dem menschlichen Willen, dem ihren und dem der anderen, und dieser Wille ist finster, egoistisch, gewalttätig und anarchistisch. Deshalb sieht man immer die gleiche Unordnung, die gleichen Leiden. Wenn die Menschen sich der Aufgabe bewusst werden, für die sie sich inkarniert haben, werden sie sich dazu entschließen, an der Erde, und zuerst an »ihrer« Erde, also an sich selbst, zu arbeiten. Viele beten, natürlich, aber um was bitten sie in ihren Gebeten…? Wahrhaftig zu beten, das bedeutet, sein ganzes Wesen in Einklang mit der göttlichen Welt schwingen zu lassen, bis die Erde zu dem Spiegel wird, in dem sich der Himmel widerspiegeln kann.

Teil II

An wen wenden wir uns, wenn wir zu Gott beten?

1

Gott

Der Begriff einer hierarchischen Ordnung

»Oh Herr«, »Mein Gott«, »Herr, mein Gott«, dies sind die Worte, welche die Gläubigen, und sogar manchmal die Ungläubigen, instinktiv aussprechen. Man wird nie genau wissen, seit wann die Menschen es sich angewöhnt haben, spontan eine Gottheit anzurufen, wenn sie das Bedürfnis haben, einen Wunsch auszudrücken oder Hilfe zu erbitten.

Als Jesus in der Bergpredigt seine Schüler und die Menge lehrte, wie sie beten sollen, lauteten die ersten Worte dieses Gebets: *»Unser Vater im Himmel…«* Wir können uns also an Gott wie an einen Vater wenden, aber nicht in jedem beliebigen inneren Zustand und unter jeder beliebigen Bedingung. Es ist zu einfach, die Worte »Vater unser« oberflächlich zu interpretieren. Die Menschen benehmen sich oft wie fordernde, launische, inkonsequente Kinder; sie sind überzeugt, Gott sei dazu da, auf ihre Wünsche zu antworten, ihnen zu Hilfe zu eilen, ihnen ihre Fehler zu vergeben und sie in Seine Arme zu nehmen. Aber nein, es kommt nämlich vor, dass der Herr sie wegschickt und zu ihnen sagt: »Wenn ich euch in die Arme nehmen soll, dann geht bitte zuerst und wascht euch!«

Wenn ein Kind mit einem von Marmelade oder Schokolade verschmierten Gesicht zu seinen Eltern kommt, können die Eltern es noch so sehr lieben, sie werden es trotzdem zuerst wegschicken, damit es sich wäscht. Und Gott tut das Gleiche. Trotz all Seiner Liebe kann Er jemanden nicht umarmen, der sich nicht von einigen Unreinheiten befreit hat. Was bedeutet das? Dass zwei Substanzen von ungleicher Natur sich nicht begegnen können. Und da Gott Licht ist, können wir uns Ihm nicht nähern, von Ihm nicht gehört werden, solange wir nicht danach streben, selbst Licht zu werden. Wer mit Staub bedeckt ist, wird stets fern von Ihm bleiben, Er wird ihn nicht hören.

Zu viele Gläubige bilden sich in naiver Weise ein, es genüge, sich an den Herrn zu wenden, um direkt Zugang zu Ihm zu bekommen. Das heißt, dass sie wirklich nicht wissen, wer Er ist. Selbst wenn Jesus sich in den Evangelien ständig an Ihn wendet und Ihn als unseren Vater darstellt, bleibt Er in Seiner Essenz doch immer jenseits dessen, was wir erkennen oder begreifen können.

Das Bild der Elektrizität kann uns eine vage Vorstellung von Gott vermitteln. Zahlreiche Geräte, die wir täglich benutzen, funktionieren dank der Elektrizität. Aber ein direkter Kontakt mit ihr endet meistens tödlich, weil sie eine Energie von ungeheurer Kraft ist. Um sie gefahrlos zu verwenden, müssen Transformatoren eingesetzt werden, die ihre Kraft abmildern. Mit Gott ist es das Gleiche. Gott ist mit reiner Elektrizität vergleichbar, mit der wir nur durch Überträger in Kontakt treten können. Diese Überträger sind die unzähligen Lichtwesen, die den Himmel bevölkern und die von der Überlieferung als Engelshierarchien bezeichnet werden.* Durch sie erhalten wir das göttliche Licht und durch sie gelingt es uns, mit Gott, der Spitze der Hierarchie**, in Verbindung zu treten.

* Diese Hierarchien werden im Sephirotbaum dargestellt. Siehe dazu Band 236 aus der Taschenbuch-Reihe Izvor »Weisheit aus der Kabbala«.

** Wort mit griechischen Wurzeln, zusammengesetzt aus dem Adjektiv »hieros«: heilig und »arkhe«: Prinzip, Ursprung, Gebot.

Natürlich könnt ihr beten und euch dabei an Gott wenden, aber ihr solltet wissen, dass eure Gebete Ihn nie direkt erreichen. Es sind andere Wesen, die eure Bitten weitertragen, und wenn diese Bitten nicht rein und uneigennützig sind, werden sie nicht übermittelt, und ihr erhaltet nie eine Antwort. Es ist besser, diese Realität zu kennen, um sich keinen Illusionen hinzugeben. In gewisser Weise sind wir immer in Verbindung mit Gott, weil Er in allen Etagen der Schöpfung anwesend ist, aber wir müssen uns die Mühe machen, selbst immer höher aufzusteigen, um wirklich mit Ihm in Verbindung zu treten.

2

Die Grundlagen des Gebets: Die Kenntnis der Struktur des Universums

Zu Gott zu beten ist nicht, wie einige meinen, eine Reaktion naiver, gutgläubiger Personen, die, sobald sie Schwierigkeiten oder Kümmernissen ausgesetzt sind, sich an Ihn wenden und sich einbilden, Er werde auf ihren Ruf antworten. Was die Einweihungswissenschaft Gebet nennt, gründet auf der Kenntnis der Struktur des Universums. Jenseits der vier Elemente Erde, Wasser, Luft und Feuer, die die Materie unseres Universums bilden, gibt es im Raum immer feinstofflichere, von geistigen Wesen bevölkerte Regionen. Und so wie wir von den vier Elementen alles nehmen, was wir für unser körperliches Leben brauchen, können wir mithilfe des Denkens in den feinstofflichen Regionen all das schöpfen, was wir für unser seelisches Leben benötigen, und wir werden von den in ihnen wohnenden Wesenheiten Hilfe bekommen.

3

Unsere Verbindung mit Gott ist ein Bewusstseinszustand

Gott hat uns geschaffen, und wir leben von Seinem Leben. Wir können nicht unabhängig von Ihm existieren, und kein Geschöpf ist wirklich unabhängig von Ihm. Das Gefühl von Unabhängigkeit, das manche spüren, existiert nur in ihrem Bewusstsein. Es ist einem Menschen tatsächlich möglich, die Verbindung, die ihn mit dem Schöpfer vereint, willentlich zu ignorieren oder abzutrennen. Doch dann nähert er sich nach und nach dem spirituellen Tod. Ihr sagt vielleicht: »Gott ist im Himmel und wir auf der Erde, wir sind so weit von Ihm entfernt!« Dieses Argument macht keinen Sinn, Gott wohnt nicht irgendwo im Raum, und die Distanz, die uns von Ihm trennt, kann nicht in Kilometern gemessen werden. Die Realität unserer Verbindung mit Gott hängt von unserer Bewusstseinsebene ab. Selbst wenn wir annähmen, Gott wäre im Himmel, so könnten wir, während wir hier auf der Erde leben, gleichzeitig mit Ihm im Himmel sein. Als Geschöpfe Gottes müssen wir uns bis zu dieser Bewusstseinsebene erheben, denn auf genau dieser Ebene werden wir unsere eigene Identität entdecken.

4

Das Auffangen eines göttlichen Elementes

Beten besteht nicht darin, ein unbestimmbares Wesen anzurufen, das man Gott nennt oder dem man einen anderen Namen gibt, um von ihm Gesundheit, Erfolg, eine glückliche Ehe, gute Kinder und den Sieg über wirkliche oder eingebildete Feinde zu erbitten. Zu Gott zu beten, stellt das Bestreben dar, im eigenen Bewusstsein eine Verbindung wiederherzustellen, eine Verbindung zu einem Wesen, das Ewigkeit und Unendlichkeit ist, um dadurch die Elemente der höheren Welten zu sich heranzuziehen. Und dann werden sich nicht nur einige Bedingungen unseres physischen und materiellen Lebens ändern, sondern unser innerstes Wesen ändert sich.

Das wahre Gebet ist ein Kontakt mit den erhabenen Regionen. Wenn es euch gelingt, auch nur ein einziges Element aus diesen Regionen aufzufangen, ist auf einmal alles anders: Ihr spürt wie dieses Element in euch schwingt, es reinigt euch, es erhellt euch, es stellt die Harmonie in eurem gesamten Wesen wieder her, und dieser wohltuende Zustand wirkt auch auf alle anderen in eurer Umgebung. Sie werden beeinflusst, weil sie die Anwesenheit dieses kostbaren Elements spüren, das in euch vibriert.

5

Ein in uns zu erreichender Gipfel

Der Mensch kann Gott, den kosmischen Geist, nur dadurch erreichen, dass er sich bemüht, den Geist in sich, sein Höheres Selbst, zu erreichen. Die Anstrengung, die er unternimmt, um diesen Gipfel zu erklimmen, ist das, was seinem Gebet einen Sinn verleiht. Die Aufrichtigkeit und die Inbrunst seiner Bitte versetzen ihn auf eine höhere Ebene. Ihr denkt, dass ihr euch durch das Gebet an Gott wendet, ja, zweifellos, aber Gott, der überall außerhalb von euch existiert, existiert auch in euch, und ihr wendet euch daher an diese innere Macht, euer Höheres Selbst. Da diese Macht in euch ist und untrennbar mit euch verbunden ist, antwortet sie. Und ihre Antworten sind Ströme intensiven und reinen Lebens, die auf ihrem Weg, während sie durch euch fließen, alles erhellen und harmonisieren. Und selbst wenn ihr einmal nicht das erhaltet, worum ihr gebeten hattet, gewinnt ihr doch wenigstens einige sehr kostbare Elemente. Im Gebet findet man die Atembewegung wieder. Indem ihr eure Bitte losschickt, erhebt ihr euch, und das ist die Einatmung. Dann empfangt ihr eine Antwort, die Segnungen fließen auf euch herab, und das ist die Ausatmung.

6

Das Räderwerk unserer psychischen Instrumente

Unsere Psyche kann mit einer Anordnung extrem feinstofflicher und komplexer Instrumente verglichen werden, die in aufeinander abgestimmter Weise funktionieren. Der Schöpfer hat sie so vollkommen entworfen, dass wir alles bekommen können, was wir brauchen, ohne auf eine äußere Hilfe angewiesen zu sein; wir müssen nur lernen, wie wir sie in Bewegung setzen. Anstatt also ständig göttliches Eingreifen zu fordern, das euch in den Lebensprüfungen retten soll, bemüht euch lieber, bestimmte Rädchen in euch selbst in Gang zu setzen.

Ihr fragt: »Aber ist es dann nicht nutzlos, zu Gott zu beten?« Überhaupt nicht, ihr solltet nur wissen, dass Gott nicht von außen kommt, um auf euren Ruf zu antworten, um euch zu retten und zu trösten. Der Trost kommt aus euch. Ihr könnt natürlich weiterhin glauben, Gott erhöre eure Gebete, denn es kommt aufs Gleiche heraus, die Resultate sind identisch. Aber in Wirklichkeit wurdet ihr durch euch selbst, durch euer Höheres Selbst, erhört, weil es euch gelungen war, das von Gott in euch angelegte Räderwerk der Instrumente in Gang zu setzen.

7
Wenn es uns mehr Freude bereiten wird zu beten, als erhört zu werden

Ihr betet zu Gott, damit ihr etwas von Ihm erhaltet. Aber versteht nun, dass ihr im Gebet selbst eure Freude finden solltet. Ja, allein in der Handlung des Betens, weil ihr erkennt, dass ihr ab dem Tag, an dem ihr erhört werdet, das Glück des Betens nicht mehr habt. Wenn sich ein Wunsch verwirklicht und der erste Augenblick der Befriedigung vorbei ist, empfindet man plötzlich einen Mangel, ein Bedauern, dass die schönen Tage des Wartens vorbei sind, an denen man sich das zukünftige Glück vorgestellt hatte. Bemüht euch also von nun an, eure ganze Freude in dieser Verbindung zu finden, die euer Gebet zwischen euch und dem Schöpfer herstellt. Das Spüren dieser Verbindung sollte euch genügen.

Sobald ihr die wahre Bedeutung des Gebetes verstanden habt, seid ihr glücklich, selbst wenn ihr Mangel erleiden solltet, weil nichts und niemand euch mehr daran hindern kann, etwas Schönes, Lichtvolles, Mächtiges in der feinstofflichen Welt der Gedanken zu erschaffen. Ihr sagt: »Aber dann werden diese so großartigen Schöpfungen doch nie wirklich realisiert werden!« Nun, das ist es ja gerade. Eben weil sie fast unzugänglich und nicht realisierbar sind, bleiben sie in eurem Inneren erhalten und ihr lebt in der Freude!

Teil III

Was wir tun müssen, um erhört zu werden

1
Den Samen pflanzen

Glauben zu haben und zu beten ist nutzlos, solange man nicht damit begonnen hat, eine innere Arbeit zu tun, indem man wenigstens, wie ein Gärtner, einen Samen in die Erde pflanzt. Demjenigen, der nur sagt: »Herr, ich bitte Dich, gib mir Liebe, Weisheit, Kraft, Frieden, Freude…«, antwortet der Herr: »Das möchte ich gerne tun, aber damit ich dich erhören kann, solltest du wenigstens einen Samen dessen gepflanzt haben, worum du mich bittest. Sonst gleichst Du einem Gärtner, der nichts gesät und nichts gepflanzt hat und trotzdem die Sonne und den Regen darum bittet, Gemüse und Blumen wachsen zu lassen.« – »Aber, Herr, es wurde uns doch gelehrt, dass Du uns erhörst, wenn wir glauben und Dich anrufen!« Darauf antwortet der Herr: »Das haben dich Unwissende gelehrt, denn sie haben nicht gelernt, dass die Gesetze der psychischen und der spirituellen Welt identisch sind mit denen der physischen Welt, und Ich kann diese Gesetze nicht ändern, nur um einigen Faulpelzen eine Freude zu machen. Wenn du möchtest, dass Ich dich erhöre, so musst du damit beginnen, wenigstens einen Samen dessen, worum du mich bittest, in deine innere Erde zu pflanzen.«

2

Das Gute zu wünschen reicht nicht aus

Jemand fleht: »Herr, ich möchte Gutes tun und bitte Dich, mich jeden Tag auf den Weg des Guten auszurichten. Warum lässt Du zu, dass ich mich verirre?« Hier ist natürlich wieder Gott der Schuldige und nicht er selbst! Aber hat dieser Mensch, der das Gute möchte, sich einmal die Frage gestellt, was er wirklich will? Er wünscht, dass das Gute leicht zu realisieren ist, dass es seine persönlichen Pläne nicht durchkreuzt, dass es sich seinem Ehrgeiz nicht widersetzt und auch nicht seinem Bedürfnis nach Komfort und Vergnügen. Er ahnt nicht, dass das von ihm angeblich so sehr herbeigewünschte Gute viele Opfer erfordert. Was also kann der Herr mit einem Menschen anfangen, der sich ein dermaßen leichtfertiges, oberflächliches, träges Bild vom Guten zurechtgezimmert hat? Er lässt ihn handeln und gehen, wohin er will.

Wer wirklich ein Ideal der Gerechtigkeit, der Güte, der Großzügigkeit in sich nährt und keine Anstrengungen scheut, sich diesem Ideal anzunähern, der empfängt innerlich immer einige Ratschläge zu dem Weg, den er einschlagen soll. Selbst wenn er nicht sofort die richtige Richtung findet, wird eine innere Stimme ihn dazu auffordern, rechtzeitig stehenzubleiben und umzukehren, um den richtigen Weg einzuschlagen.

3

Etwas im Austausch für das Erbetene geben

Jemand, der in einen Laden geht, um dort etwas von ihm Benötigtes zu holen, muss im Tausch dafür Geld hergeben. Wenn er nicht bezahlt, wird er nichts bekommen. In der spirituellen Welt muss man auch geben, um zu empfangen. Gott sagt zu den Menschen: »Wenn ihr wollt, dass Ich eure Gebete erhöre, so gebt mir euer Herz.« Aber oft haben sie ihr Herz bereits an einen Mann, eine Frau (oder sogar mehrere) oder an bestimmte Vergnügungen verschenkt. Sie haben also für den Herrn kein Herz mehr übrig. Deshalb werden ihre Gebete nicht erhört. Es ist unmöglich zu empfangen, ohne dafür im Tausch etwas von seinem Herzen, von seiner bewussten Aufmerksamkeit, von seiner Zeit, von seinen täglichen Anstrengungen abzugeben.

4

Sich hinwenden

Erwartet nicht, dass der Herr eure Gebete erhört, solange ihr von Ihm verlangt, herabzukommen, um euch an dem Ort zu besuchen, an dem ihr eigensinnig verweilt. Wenn ihr nichts an eurem Verhalten und an eurer Denkweise ändert, wie könnt ihr euch dann einbilden, Er werde kommen und euch aus euren Schwierigkeiten herausholen? Das ist genau so, als wärt ihr in eine Höhle oder in einen Keller hinabgestiegen, voller Erstaunen, dort die Sonne, ihre Wärme und ihr Licht nicht vorzufinden.

Was bedeutet die Höhle oder der Keller? Alle niederen Manifestationen des Verstandes und des Herzens, alle schlechten Gewohnheiten. Solange ihr nicht auf sie verzichtet, werdet ihr in Finsternis und Kälte bleiben. Selbst wenn ihr jeden Tag zum Herrn betet, Er möge euch helfen, werdet ihr genauso wenig erhört, wie wenn ihr die Sonne bitten würdet, euch im hintersten Winkel einer Höhle zu erwärmen und zu erleuchten. Es ist eure Aufgabe, euch fortzubewegen und auf Ihn zuzugehen, indem ihr eure alte Lebensweise aufgebt. Beten bedeutet nicht, den Herrn bis zu euch herabkommen zu lassen, sondern euch muss es gelingen, durch beharrliche Arbeit bis zu Ihm aufzusteigen, und in diesem Aufstieg spürt ihr, dass ihr erhört werdet.

5

Der durch Anstrengung unterstützte Glaube

Ihr meint, viele Dinge in eurem Leben sollten sich verbessern und ihr betet: »Herr, bitte mach dass… Herr, bitte gib mir…« Es ist notwendig zu bitten, aber damit eure Bitten erhört werden, müsst ihr sie nicht nur durch einen unerschütterlichen Glauben unterstützen, sondern vor allem durch ausdauernde Anstrengungen. Ein Wunsch, den ihr nur ab und zu ausdrückt, wird sich auflösen und im Raum verlieren. Wenn ihr das Gewünschte nicht erhaltet, müsst ihr die Ursache in euch selbst suchen. Zweifellos fehlte es euch an Überzeugung, an Beharrlichkeit und an Ausdauer bei eurer Anstrengung. Unter dem Vorwand, die Wirklichkeiten der spirituellen Welt seien unsichtbar, stellen sich viele vor, es genüge, von Zeit zu Zeit ein paar herumtreibende Wünsche auszusenden. Oh nein, noch mehr als auf der physischen Ebene erfordert der Erfolg, den man auf der geistigen Ebene erlangt, dass man überzeugt und vor allem beharrlich ist.

Und anstatt immer zu fordern, werdet euch bewusst, dass Gott euch alle materiellen und spirituellen Mittel gegeben hat, um für eure Bedürfnisse zu sorgen und oft sogar für die der anderen; das Gebet soll euch nur dazu dienen, diese Mittel zu finden. Gott hat bereits »Seine Aufgabe erfüllt«, wenn man das so sagen kann, und zwar schon seit der Ewigkeit. Es ist jetzt nicht Seine Aufgabe, den Menschen das zu verschaffen, was ihnen fehlt, sie müssen sich selbst bemühen, es zu finden. Und was nützt es ihnen überhaupt, zu Gott zu beten, damit Er ihnen Erfolg, Gesundheit und die Zuneigung der anderen gibt, während sie sich weiterhin gehen lassen, weiterhin ein Leben führen, das sie kraftlos, krank oder unsympathisch macht? Was nützt es ihnen, für Frieden zu beten, wenn sie weiterhin in ihrem Inneren regelrechte Schlachtfelder aufrechterhalten? Gewiss, jedes Gebet ist eine Manifestation des Glaubens, aber der Glaube sollte als jene Kraft verstanden werden, die den Menschen dahin drängt, sich zu übertreffen, über sich hinauszuwachsen.

Man kann daher sagen, dass es zwei Arten von Glauben gibt: die eine wird vom eigenen Bemühen und Tun unterstützt, die andere wird beeinflusst von Nachlässigkeit und Faulheit. Dieser Glaube, den man besser Leichtgläubigkeit nennen sollte, ist nutzlos und sogar schädlich.

6
Das Anheben der Bewusstseinsebene

Das einzige Mittel, um für bestimmte Lebensprüfungen gerüstet zu sein, das ist, unsere Bewusstseinsebene anzuheben. Das Gebet hat zuerst in unserem Bewusstsein die Macht, Veränderungen zu erzeugen. Vielleicht können wir an den äußeren Umständen nichts ändern, aber wir haben die Möglichkeit, angesichts dieser Umstände unsere innere Haltung, unsere Art des Sehens und des Fühlens zu ändern, um die Schicksalsschläge zu überwinden.

Wie vielen Personen, die wahrhaftig Grund haben, zu leiden und zu verzweifeln, gelingt es durch das Gebet, Frieden, Licht und Freiheit zu finden! Dank dieser Fähigkeit, sich von der Finsternis, der Schwere und der Unordnung der Welt loszureißen, um sich an die himmlischen Mächte zu wenden, haben sie eine andere Dimension betreten. Wenn Ereignisse, wie zum Beispiel ein Krieg, die gesamte Gesellschaft betreffen, bleibt in gewisser Weise niemand verschont. Aber derjenige, der betet, ruft die Mächte des Geistes herbei, und in Situationen, in denen sich die anderen niederdrücken lassen, empfängt er nicht nur die Hilfe des Lichts, sondern er kann auch die Menschen in seinem Umfeld erhellen und ermutigen.

7
Die richtige Wellenlänge finden

Die Funktionsweise der menschlichen Psyche kann mit einem Radiogerät verglichen werden. Ihr drückt auf den Knopf eures Gerätes und müsst manchmal ziemliche Misstöne über euch ergehen lassen, bevor ihr die richtige Frequenz findet. Nun, mit eurer inneren Welt geschieht das Gleiche. Ihr würdet gerne die Wellenlängen empfangen, die euch die Stimmen des Himmels hörbar machen, den Frieden, die Harmonie, aber es kommt manchmal vor, dass ihr aus Unachtsamkeit, Ungeschicklichkeit oder Unwilligkeit eine falsche Einstellung wählt und ein schreckliches Stimmengewirr und Getöse zu hören bekommt! Beeilt euch, das zu korrigieren. Beten bedeutet, in uns die Wellenlänge zu finden, die uns mit den himmlischen Wesen in Verbindung bringt, und eben diese Wesen werden uns zu der geordneten, harmonischen Schwingung des göttlichen Lebens führen.

8

Das Wort hilft den Gedanken und Gefühlen, sich zu inkarnieren

Das Gebet kann ein stiller Überschwang des Herzens oder der Seele sein, aber richtig wirksam wird es erst, wenn es in den drei Welten – der mentalen, der astralen und der physischen Welt – ausgeführt wird. Beten bedeutet nicht, alle beliebigen Dinge, die uns im Moment in den Sinn kommen, zu erbitten. Zu Beginn muss das Licht, das Denken (die Mental-Ebene) das Wort haben. Das Denken muss beurteilen, ob eine Bitte sich lohnt, formuliert zu werden, und wenn ja, muss es sie so klar wie möglich formulieren. So wie das Licht von der Wärme begleitet wird, muss das Denken dann von einem starken Gefühl begleitet werden (die Astralebene), das es belebt. Schließlich brauchen die Gedanken und Gefühle das gesprochene Wort, weil die Klangschwingungen die Materie berühren.

Das gesprochene Wort liefert in gewisser Weise das »Fleisch«, die Materialien, die der Verwirklichung dienen. Durch das gesprochene Wort bringen wir den Geistern der unsichtbaren Welt Elemente der physischen Welt, die sie selbst nicht besitzen. Wir zeigen ihnen, dass wir die Gesetze kennen und erleichtern ihre Arbeit. Das Wesentliche jedoch bleibt die Intensität von Gedanke und Gefühl.

9

Innerlich einen Zustand der Harmonie erschaffen

Die Gebete und Riten, durch welche die Gläubigen die Hilfe des Himmels erflehen, sind nur wirksam, wenn sie von einem klaren Gedanken, einem inbrünstigen Gefühl und harmonischen Gesten begleitet sind. Andernfalls sind sie nutzlos. Wenn sie nicht erhört werden, so ganz einfach deshalb, weil es ihnen nicht gelungen ist, jenen Strom auszusenden, dank dem es möglich ist, mit der göttlichen Welt in Kontakt zu treten. Die Worte und Gesten sind nichts, solange sie nicht von den Schwingungen der Seele und des Geistes unterstützt und belebt werden. Das Bedürfnis, um Hilfe zu rufen, kommt bei den Menschen zu oft durch eine Aufregung zum Ausdruck, an der Seele und Geist nur einen schwachen Anteil haben. Ein Gebet kann ihnen also nur helfen, wenn sie es in einem inneren Zustand des Friedens und der Harmonie sprechen. Dann erzeugt es in ihnen einen Strom, der bestimmte Hirnzentren berührt, worauf sie ein Licht erhalten, das sie über die Ereignisse aufklärt, die sie gerade durchleben; ein Licht, das ihnen hilft, die Schwierigkeiten zu überwinden und sie inspiriert, richtig zu handeln.

Ebenso wie bei den Manifestationen unseres physischen Lebens, gehen von den Manifestationen unseres psychischen Lebens Klänge aus. Wenn unsere Gedanken, unsere Gefühle, unsere Worte und unsere Gesten die Gesetze der Harmonie respektieren, klingen sie auf eine bestimmte Weise wie Musik. Und diese Musik steigt zum Herrn auf. Jemand sagte einmal, dass sich in Gott alles ausruhen kann, außer den Ohren… Ja, aber Gott verschließt Seine Ohren gewiss vor all dem Aufruhr, den Rufen von Hass und Rache, die von der Erde aufsteigen, Er hört nur den musikalischen Gebeten zu, die der Seele Seiner Söhne und Töchter entströmen. Ein Gebet, das nicht musikalisch ist, wird nicht empfangen. Gestaltet also eure Gebete nach den Gesetzen der Musik, dann wird eure Stimme gehört werden.

III

10

Die Ziele unseres Lebens verändern

Wenn ein Mensch sich entscheidet, die Ziele seines Daseins zu verändern, wenn sein wahrer Ehrgeiz die eigene Vervollkommnung wird, dann bereichert alles, was ihn umgibt, jeden Augenblick seines Lebens. Sein Wunsch, etwas Großes zu verwirklichen, strömt von ihm aus wie eine Form aus feinstofflichem Fluidum, wie eine Bitte. Diese Bitte steigt auf in die Ebene des Überbewusstseins, wo Wesen sie aufnehmen und sagen: »Dieser Mensch hat ein hohes Ideal, und dies hier ist sein Wunsch.« Dann senden sie seinen Wunsch an die Archivare der unsichtbaren Welt und geben den im Unterbewusstsein lebenden Wesenheiten die Anordnung, alles herzurichten, damit seine Bitte beantwortet wird. Sie prüfen also die Situation dieses Menschen und forschen nach den Energien und Sterneneinflüssen, mit deren Hilfe er erhört werden kann. Sobald sie fündig geworden sind, übermitteln sie diese seinem Bewusstsein und danach seinem Ich-Bewusstsein. Von da an beginnt die Verwirklichung.

11
Die Antworten des Himmels

a) Sich auf ihren Empfang vorbereiten

Ihr betet, ihr bittet darum, dass euch das Licht besucht, dass die Engel euch besuchen… Aber wie oft seid ihr beschäftigt, und ihr schaut gerade woanders hin, wenn sie bei euch auftauchen! Und danach beklagt ihr euch, dass Beten nichts bringt. Natürlich bringt das Beten nichts, wenn ihr um Licht und um himmlische Freuden bittet, aber nicht in der Lage seid zu spüren, wenn sie euch besuchen. Bemüht euch daher, diesen feinen Sinn zu entwickeln, der euch darüber verständigt, dass ihr erhört worden seid, und bleibt in der Erwartung. Eure feinstofflichen Körper und Zentren werden aktiv und es wird euch nach und nach gelingen, die den Raum durcheilenden Lichtströme, sowie die zu euch kommenden wohlwollenden Wesenheiten wahrzunehmen.

b) Akzeptieren, dass wir sie nicht immer verstehen

Wenn unsere Gebete aufrichtig sind, antwortet uns der Himmel jedes Mal, aber er tut es durch Ereignisse, die wir nicht immer verstehen. Wir sind noch nicht hellsichtig genug, um seine Zeichen zu interpretieren, dank derer wir den Grund dieser Ereignisse, der Begegnungen, die wir haben, oder der Anwesenheit bestimmter Personen in unserer Nähe verstehen könnten. Statt uns zu beklagen oder mutlos zu werden, müssen wir die uns gegebenen schwierigen Bedingungen akzeptieren und lernen, sie unter einem anderen Aspekt zu betrachten. Selbst wenn wir sie nicht verstehen, müssen wir uns um den Gedanken bemühen, dass es sicher einen Grund für ihr Bestehen gibt. Ich möchte sogar sagen, je unverständlicher und unseren Bitten entgegengesetzter es ist, desto mehr müssen wir dem Himmel vertrauen, der uns in diese Situationen hineinstellt, und wir sollten uns sagen, dass die Verwirklichung unserer besten Bestrebungen auf diesem Weg geschehen wird.

12

Ein Atmen der Seele

Das wahre Gebet ist ein Atmen der Seele, die sich in die himmlischen Regionen ausbreitet, und dieses Atmen wirkt sich nicht nur auf unsere psychischen und geistigen Körper aus, sondern auch auf unseren physischen Körper. Wenn ihr wisst, warum ihr betet, und wenn ihr aufrichtig und inbrünstig betet, so erzeugt ihr damit in eurem Organismus eine Reihe von Abläufen, die so weit wirken, dass sie sogar die Bewegung der Elektronen in eurer Körpersubstanz verändern. Wir alle haben die Fähigkeit, zu einer Welt hinzustreben, die über uns hinausreicht, zu einem Wesen, das alle Vollkommenheit in sich enthält und uns durch diesen Kontakt zu regenerieren. Bemüht euch also, die Natur dieser Fähigkeit zu verstehen.

13

Sich mit allen betenden Menschen auf der Welt vereinen

Wenn ihr betet, habt ihr manchmal das Empfinden, euch in einer Wüste zu befinden, wo eure Stimme nicht gehört wird. Verliert nicht den Mut, sondern versucht folgende Methode anzuwenden.

Erschafft zunächst das Bild einer Vielzahl von Menschen, die über die ganze Welt verstreut sind und deren Geist sich dort, wo sie sich befinden, gerade auf den Schöpfer konzentriert, sich mit Ihm durch ihre Gedanken und durch ihre Liebe verbindet. Stellt euch vor, dass ihr euch dazugesellt, um mit ihnen zu beten. Versucht zu spüren, wohin sie sich wenden, wohin sie blicken, und folgt in Gedanken ihrem Blick, bis ihr mit ihnen zu dem Ort voranschreitet, den sie aufsuchen. Auf diese Weise wird eure Stimme in der Wüste des Lebens nicht mehr isoliert bleiben, sondern ihr fühlt, dass euer Gebet dank all dieser Menschen, denen ihr euch anschließt, erhört wird. Ihr habt das Gefühl, dass euer Gebet sein Ziel nicht erreicht, nur deshalb, weil ihr alleine bleibt. Das Geheimnis ist, sich mit all jenen zu verbinden, die beten, denn es gibt auf der Welt in jedem Augenblick Menschen im Gebet.

Hier noch eine andere Methode. Stellt euch sehr weit weg, sehr hoch im Raum einen lebendigen, vibrierenden Mittelpunkt vor, aus dem Lichtstrahlen hervorquellen, die in alle Richtungen ausstrahlen, um die himmlischen Wesen und die Vielzahl von Geschöpfen im Universum zu ernähren. Dank diesem Bild werden eure Gedanken sich auf den Weg machen zu diesem Ort, an dem sich die göttliche Gegenwart mit höchster Intensität offenbart, und ihr werdet spüren, dass euer Gebet ein Echo erhält. Die Eingeweihten und großen Meister sind unablässig mit diesem Lichtzentrum verbunden, und ihre Gedanken erschaffen im Unsichtbaren eine Macht, mit der wir uns vereinen können, um uns in Kommunion mit dem Herrn zu fühlen.

14

Die Worte des Gebetes schöpfen ihre Kraft aus der Aura

Woher kommt die Macht eines Wortes? Nicht so sehr vom gesprochenen Wort selbst, sondern von der Energie, der Quintessenz, mit der es aufgeladen ist, und diese Quintessenz befindet sich in der menschlichen Aura. Jedes gesprochene Wort ist das Auffangbecken einer Kraft und hat umso mehr Wirkung, je mehr der Sprecher es mit der Substanz seiner Aura durchdringen konnte. Die Anrufungen eines Weiß-Magiers, eines Theurgen, sind deshalb mächtig und wirksam, weil die von ihm gesprochenen Worte von diesem lebendigen, vibrierenden Licht erfüllt sind, welches von den guten Eigenschaften und Tugenden, die er entwickelt hat, ausgeht. Ohne die Stimme anzustrengen, ohne Gesten, tritt er durch die intensiven, seine Aura belebenden Schwingungen mit den geistigen Wesen in Verbindung und gebietet sogar über die Naturkräfte.

Omraam Mikhaël Aïvanhov in Eleusis/Griechenland – 1964

15

Die Vereinigung unserer Seele mit dem kosmischen Geist und unseres Geistes mit der Universalseele

Der Sinn des Gebets ist es, die Begegnung eines uns innewohnenden geistigen Prinzips mit einem Wesen gleicher Natur im Universum zu bewirken, das dieses Prinzip ergänzt, damit es sich mit ihm vereint. Die menschliche Seele (weiblich) sucht den göttlichen Geist (männlich) und der menschliche Geist (männlich) sucht die Universalseele (weiblich). Wenn diese Begegnung stattfindet, wird unsere Seele vom kosmischen Geist befruchtet und unser Geist befruchtet die Universalseele. Diese Vereinigung macht uns zu Schöpfern in der Welt des Lichtes. Das bedeutet Beten. Wer zu beten weiß, der entdeckt die wahren Dimensionen seines innersten Seins. Selbst wenn er auf der physischen Ebene sehr begrenzt ist, durchreist seine Stimme auf der spirituellen Ebene den Raum und es gibt keine Begrenzungen für seine Verwirklichungen.

16

Gott erwartet uns immer in Seinen Palästen

Manchmal wird euch eure Kleinheit bewusst und ihr leidet darunter, euch noch so unvollkommen, schwach und elend zu fühlen, und sucht ihr nach Hilfe. Aber vergesst auch in der tiefsten Verzweiflung nie, dass der Herr euch in Seinen Palästen erwartet. Schwingt euch empor zu Ihm, lauft so schnell ihr könnt, um allem zu entgehen, was euch daran hindern könnte, Ihn zu erreichen. Und was macht euch fähig, so zu laufen? Ein intensives, inbrünstiges, mit Glauben und Liebe gesprochenes Gebet. Dieses Gebet lässt euch alle Hindernisse überspringen, durch alle Türen hindurch gehen… Und wenn ihr (symbolisch gesprochen) in den Festsaal gelangt, in dem der Herr sich umgeben von Seinen Engeln und den Seelen der Gerechten ergötzt, spricht der Herr zu den Wächtern, die den Eindringling gerade verjagen wollen: »Nein, sein Elan war stark genug, ihn bis hierher zu bringen, so hat er das Recht, mitten unter uns zu sitzen, bereitet ihm einen Platz.« Dann fühlt ihr euch wenigstens für einen Augenblick in der Versammlung der Söhne und Töchter Gottes willkommen geheißen. Danach werdet ihr natürlich wieder herabkommen müssen. Aber ihr werdet noch lange arbeiten und weitere Versuche unternehmen, bis zu dem Tag, an dem ihr endgültig unter den himmlischen Wesen aufgenommen seid.

17

Auch wir selbst müssen die Worte finden

Viele Gläubige rezitieren mehrmals täglich vorformulierte Gebete, die sie auswendig gelernt haben, und oft murmeln sie diese vor sich hin und denken dabei an etwas anderes! Es ist nicht nötig, viele Gebete zu lernen. Für die Christen sind das »Vaterunser« und noch zwei oder drei andere Gebete ausreichend. Anschließend ist es jedem Einzelnen überlassen, herauszufinden, welche Worte er innerlich spricht, je nachdem, welche neuen Situationen und Ereignisse auf ihn zukommen. Auf diese Weise hält man die Verbindungen zur geistigen Welt aufrecht.

Nehmen wir einige sehr einfache Fälle des täglichen Lebens. Wenn ihr beispielsweise Fenster putzt, seid euch eurer Gesten bewusst und sprecht:

»So wie ich dieses Fenster putze, so möge mein Herz gereinigt und durchscheinend werden.«

Das Gleiche könnt ihr sagen während ihr fegt, Geschirr wascht oder Staub wischt. Und wenn ihr einen Gegenstand fallen lasst und dieser zerbricht, so sprecht:

»Mögen alle Hindernisse, die sich auf meinem Weg zu Gott befinden, in tausend Stücke zerbrechen!«

Welchen Sinn hätte es, aus dem Beten eine Beschäftigung zu machen, die von allen anderen Beschäftigungen getrennt ist? Himmel und Erde sind ohne Unterlass in Verbindung, nicht nur äußerlich, sondern auch in uns. Eure Gebete werden genau dann wirksam, wenn ihr gelernt habt, eure täglichen Beschäftigungen mit der Welt des Geistes zu verbinden, denn dann sind eure Worte mit den Energien und der Substanz eures eigenen Lebens angefüllt.

Teil IV

Gebete

*Von 1937 bis 1985 vermittelte Meister Omraam Mikhaël Aïvanhov eine mündliche Lehre im Rahmen der Universellen Weißen Bruderschaft. Im Verlauf seiner ungefähr 5000 Vorträge kam er immer wieder auf bestimmte Themen zurück: das spirituelle Wachstum, die Ausrichtung, die wir wählen müssen, um unserem Dasein einen Sinn zu verleihen sowie das Leben in Harmonie mit uns selbst, mit allen Menschen und mit der Natur. Ab und zu kam es vor, dass er vorschlug, Wünsche in Form von Gebeten zu formulieren, um uns beim Fortschritt auf diesem Weg zu helfen. Solche Gebete sind im vierten Teil des vorliegenden Buches zusammengetragen worden.**

Anmerkung des Herausgebers

* Einige weitere Gebete finden sich noch in Band 13 der Reihe Gesamtwerke: »Die Neue Erde, Anleitungen, Übungen, Sprüche, Gebete«.

– A –

Vom Abend bis zum Morgen

Wenn ihr am Morgen erwacht, ist es nicht immer einfach für euch, den Kontakt mit den schöpferischen und lichtvollen Mächten des Lebens wiederzufinden. Dies hängt viel mit der Art und Weise zusammen, in der ihr am Vortag gelebt habt. Denn so wie der Abend mit dem Morgen verbunden ist, ist der Morgen mit dem Abend verbunden und jeder Moment muss im Voraus vorbereitet werden. Bittet die unsichtbaren Wesen, euch bei diesen Übergängen zu helfen.

Stellt euch schließlich im Moment des Einschlafens unter den Schutz des Engels des Schlafes, den die Kabbala »Engel des Todes« nennt, denn es ist tatsächlich so, dass wir jeden Abend sterben und jeden Morgen wieder auferstehen. Der Schlaf ist eine Reise, auf die wir uns jeden Abend bewusst vorbereiten müssen, damit wir in dem Augenblick, in dem wir wirklich ins Jenseits hinübergehen, dann auch bereit sind. Wer nicht richtig einzuschlafen weiß, dem wird es mit dem Sterben nicht besser gehen. Es gibt keinen Unterschied zwischen dem Schlaf und dem Tod, außer dass man den physischen Körper, das Haus, in dem man lebte, endgültig verlässt.

Man muss also verstehen, wie notwendig es ist, sich jeden Abend auf den Schlaf wie auf eine heilige Reise vorzubereiten, damit man eines Tages auf diese andere, viel entscheidendere Reise vorbereitet ist.

Um sich von Angst zu befreien

Einer Person gelingt es nicht, sich von ihren Ängsten zu befreien und fragt mich um Rat. Ich sage zu ihr: »Da Sie sagen, nichts von dem, was Sie bereits versucht haben, sei erfolgreich gewesen, gebe ich Ihnen ein Heilmittel, an das Sie nicht gedacht haben. Hören Sie mehrmals täglich, mindestens einige Minuten lang, mit jeglicher Beschäftigung auf. Lassen Sie Stille in sich einkehren und wenden Sie sich an die Wesen der Harmonie. Sagen Sie zu ihnen:

»Ich liebe euch und möchte wie ihr den Willen Gottes erfüllen. Gewährt mir eure Hilfe, lasst mich in eure Harmonie eintreten.«

Dank dieser Öffnung, die Sie versuchen, in sich herzustellen, wird sich Ihr Zustand nach und nach verbessern.

In Augenblicken von Angst oder Verwirrung könnt auch ihr dieses Gebet sprechen. Oder ihr sprecht den Psalm 91*, zumindest seine ersten Verse:

»Wer unter dem Schirm des Höchsten sitzt, und unter dem Schatten des Allmächtigen bleibt, der spricht zu dem Herrn: Meine Zuversicht und meine Burg, mein Gott, auf den ich hoffe…«

Diese Zuversicht und diese Burg, die der Psalmist den »Höchsten« nennt, ist in Wirklichkeit in euch selbst; es ist euer höheres Bewusstsein. Bemüht euch, in eurem Denken bis zu diesem Gipfel aufzusteigen und dort so lange wie möglich zu bleiben. Genau dort werdet ihr das Licht, die Kraft und den Frieden finden.

* Siehe Seite 80.

Die Atmung

1 – der von Gott gegebene Odem

In der Schöpfungsgeschichte heißt es bei der Erschaffung des Menschen, »Gott blies ihm den Odem des Lebens in seine Nase, und so ward der Mensch ein lebendiges Wesen«. So ist das menschliche Dasein nichts als eine lange Abfolge von Einatmen und Ausatmen. Beschäftigt euch mit dieser Frage und sagt:

»Mein Gott, Du, der Du mir am Anfang das Leben durch meine Nase eingehaucht hast, segne den Weg, durch den Dein Odem weiterhin in mich eindringt.«

2 – die Macht des Wortes durch die Atmung verstärken

Ihr werdet in euch die Macht eines Gebetes verstärken, wenn ihr es mit bewusster Atmung verbindet. Beginnt beispielsweise mit den ersten drei Bitten des »Vaterunser«. Ihr setzt euch hin und legt eure Hände auf die Knie. Atmet sechs Takte langsam ein und sagt innerlich:

»Geheiligt werde Dein Name«.

Haltet den Atem sechs Takte an:

»Dein Reich komme«.

Und während ihr sechs Takte lang ausatmet:

»Dein Wille geschehe, wie im Himmel, so auf Erden.«

Ihr könnt diese Übung vier oder fünf Mal am Tag wiederholen.

Seit zwanzig Jahrhunderten haben Milliarden von Christen diese Worte ausgesprochen und selbst wenn sie sich deren Bedeutung nicht bewusst waren, haben sie daraus in der unsichtbaren Welt eine lebendige Formel gemacht, ein Reservoir an gesammelten Kräften. Indem ihr sie jetzt bewusst wiederholt und durch eure Atmung verstärkt, verbindet ihr euch selbst mit diesem großen Kraftreservoir und zieht diese wohltätigen Energien zu euch her, um besser mit eurer Arbeit fortzufahren.

Gebet für den Autofahrer

Bevor ihr auf der Straße losfahrt:

»Herr, beschütze uns vor uns selbst und vor all denen, die um uns sind. Halte uns in Deinem Licht. Sende uns einen Engel, der uns führt. Danke Herr, Danke Engel.«

»Erzengel Michael, beschütze uns, führe uns und erhelle uns.«

Und denkt auch beim Ankommen daran, dafür zu danken, dass ihr gesund und munter seid. Es können so viele Unfälle auf der Straße passieren! Und wie oft geht es um Haaresbreite noch gut!

– B –

Um sich zu befreien: Die höchsten Wesen darum bitten, in uns zu wohnen

Wie viele Leute wiederholen ständig, dass sie frei sein wollen! Und für sie bedeutet frei sein, sich zu trennen, Verbindungen durchzuschneiden. Es ist allerdings so, dass Freiheit nicht für sich allein steht. Wenn man sich von manchen Menschen oder Gegenständen trennt, manche Beschäftigungen aufgibt, trifft man notwendigerweise andere Menschen, man benützt andere Gegenstände, findet andere Beschäftigungen, und das ist nicht unbedingt besser. Wer wirklich frei sein möchte, muss sich zuerst fragen, mit wem oder was er sich verbinden wird und wie er Menschen und Beschäftigungen findet, die ihm mehr Licht, mehr Frieden, mehr Schönheit bringen werden. Das ist die wahre Freiheit: im Licht zu sein, im Frieden, in der Schönheit. Dies sollte stets euer Anliegen sein.

Ihr geht aus dem Haus, um ein paar Schritte zu gehen. Nehmt diese Gelegenheit wahr, um euch mit allen höheren Wesen zu verbinden. Sagt:

»Herr, unser Gott, Herrscher des Universums, Schöpfer des Himmels und der Erde, sei gepriesen, sei gepriesen, sei gepriesen, ich danke Dir. Tritt in mich ein, nimm Besitz von mir, offenbare Dich durch mich in all Deiner Herrlichkeit, in all Deinem Licht, in all Deiner Macht, damit Dein Reich und Deine Gerechtigkeit sich auf der Erde niederlassen.«

Im Weitergehen sprecht ihr nun:

»Göttliche Mutter, Gemahlin Gottes, Königin des Himmels, sei gepriesen, sei gepriesen, sei gepriesen, ich danke Dir. Tritt in mich ein, nimm Besitz von mir, manifestiere Dich in all Deiner Schönheit, Deiner Reinheit, Deinem Licht, damit das Reich Gottes und seine Gerechtigkeit auf die Erde herabkommen.«

Ihr geht weiter und sagt:

»Geist Christi, sei gepriesen, sei gepriesen, sei gepriesen, ich danke Dir. Tritt in mich ein, nimm Besitz von mir, manifestiere Dich durch mich, in all Deiner Liebe und Deiner Weisheit, damit das Reich Gottes und Seine Gerechtigkeit sich auf Erden verwirklichen.«

Ihr geht weiter und sagt:

»Oh Heiliger Geist, der Du am Pfingsttag in Form von Feuerzungen auf die Apostel herabgekommen bist, sei gesegnet, sei gesegnet, sei gesegnet, ich danke Dir. Tritt in mich ein und nimm Besitz von mir, entflamme mein ganzes Wesen mit Deiner Flamme, auf dass ich zur Verwirklichung des Reiches Gottes und seiner Gerechtigkeit auf Erden beitrage.«

Anschließend könnt ihr euch an die Erzengel wenden, die über die Sephiroth herrschen: »Uriel« in »Malkuth«, »Gabriel« in »Jesod«, »Raphael« in »Hod«, »Chaniel« in »Netzach«, »Michael« in »Tiphereth«... und wenn ihr bei der Sephira »Binah« angekommen seid, wendet ihr euch an die Vierundzwanzig Ältesten und sprecht:

»Oh Ihr, Herren der Schicksale, seid gepriesen, seid gepriesen, seid gepriesen, ich danke euch. Tretet in mich ein und nehmt Besitz von mir. Mögen sich eure Intelligenz und eure Gerechtigkeit in mir offenbaren, damit sich das Reich Gottes auf Erden verwirkliche.«

Ihr könnt euch auch noch an Melchisedek* wenden und sagen:

»Oh, Melchisedek, König der Gerechtigkeit und des Friedens, Meister der Einweihungen, sei gepriesen, sei gepriesen, sei gepriesen, ich danke dir. Tritt in mich ein, unterrichte mich, halte mich in deinem Licht.«

Auf diese Weise habt ihr euch nicht nur darauf beschränkt, irgendwo an der frischen Luft herumzuspazieren. Und an was hättet ihr sonst gedacht? An eure Sorgen und an Personen, die ihr unangenehm findet? Indem ihr euch an all diese erhabenen Wesen wendet, sie bittet, in euch zu wohnen, bereichert ihr euch mit ihren Tugenden, mit ihrer Macht. Auf diese Weise befreit ihr euch, weil ihr dann von ihnen »besetzt« seid.

* Siehe auch das Gebet »An Melchisedek« unter dem Buchstaben »M« in dieser Gebete-Sammlung.

Um Begegnungen mit übel gesonnenen Leuten zu vermeiden

Ihr seid gezwungen, nachts aus dem Haus zu gehen und habt Angst, übel gesonnenen Leuten zu begegnen. Ruft die Sonne und bittet sie, euch zu begleiten: Ihr Licht wird euch schützen. Die böswilligen Individuen können dieses Licht natürlich nicht sehen, aber es wird von den finsteren Wesenheiten wahrgenommen, die in ihnen wohnen und sie zu kriminellen Handlungen verleiten. Und da diese Wesenheiten kein Licht ertragen, verlassen sie die Leute, auf die ihr es ausstrahlt. Das macht diese, jedenfalls für einen Augenblick, unschädlich.

Ich mache euch mit dieser Methode vertraut, aber ihr solltet euch trotzdem nicht unvorsichtig in Gefahr bringen.

Beständigkeit erlangen

Wenn ihr einmal beschlossen habt, den Weg des Lichts zu beschreiten, so versucht, was immer auch geschieht, diese Ausrichtung beizubehalten. Bittet die himmlischen Wesen, euch dabei zu helfen, jene seltene Tugend zu erlangen, die man Beständigkeit nennt. Beständig zu sein bedeutet, seine selbst eingegangenen Verpflichtungen getreu zu erfüllen und den Weg, allen Widrigkeiten zum Trotz, weiterzugehen. Um Zugang zu den Mysterien zu bekommen, muss man wie der Eingeweihte im alten Ägypten sagen können:

»Ich bin beständig, Sohn des Beständigen, gezeugt und empfangen im Gebiet der Beständigkeit.«

Diese Formel wird für euch eine starke Hilfe sein.

Die Menschen sind Blumen und Früchte, die wir kosten können

Die Menschen gleichen Blumen und Früchten. Wenn ihr mit ihnen in Beziehung tretet, sie anschaut, mit ihnen sprecht, ihnen zuhört, so ist es, als würdet ihr sie einatmen und sie sogar kosten. Sie sind eine Art Nahrung. Doch was tut ihr die meiste Zeit? Ihr haltet euch bei ihrer äußeren Erscheinung auf, ohne die Absicht, euch auf den feinstofflichen Ebenen von diesem verborgenen, aber doch vorhandenen Leben zu ernähren, das von ihrem Herzen, ihrer Seele, ihrem Geist ausgestrahlt wird. Versucht von nun an aufmerksamer zu sein, lernt, die Menschen zu schätzen, die dieses Leben in sich tragen, haltet vor ihnen inne, während ihr denkt:

»Danke, Himmlischer Vater, danke, Göttliche Mutter, durch diese Blumen und Früchte habe ich heute die Möglichkeit, mich Euch zu nähern und Euch zu betrachten.«

Später kehrt ihr glücklich zurück, mit dem Gefühl, die Düfte und Aromen der göttlichen Welt gekostet zu haben.

Das Blut, das man verliert, den Lichtwesen weihen

Solange das Blut im Inneren des Körpers zirkuliert, ist es geschützt wie in einem geschlossenen Gefäß. Aber wenn es aus irgendeinem Grund den Körper verlässt, verdunstet es wie jede Flüssigkeit; das heißt, dass die in ihm enthaltenen ätherischen Teilchen sich im Raum verteilen. Und da diese Teilchen etwas von dem Leben tragenden Blut bewahrt haben, werden sie unsichtbare Wesen ernähren.

Ob es sich um Lichtwesen oder um dunkle Wesen handelt, für beide sind die Ausströmungen des Blutes eine Nahrung. Denn nichts im Universum geht verloren, und es gibt immer Geschöpfe, die kommen, um sich von dem Leben zu ernähren, das von ein paar Blutstropfen verdunstet. Wenn es daher vorkommt, dass ihr Blut verliert, solltet ihr, bevor ihr euch abwischt oder euch wascht, darum bitten, dass die von ihm ausgehenden lebendigen Energien ausschließlich die Wesen ernähren, die für das Wohl der Menschheit arbeiten.

Das Böse in den Dienst des Guten stellen

Seit Jahrtausenden flehen die Gläubigen aller Religionen: »Herr, unser Gott, vernichte das Böse!« Sie hören nicht, dass der Herr ihnen antwortet: »Hört auf, mich anzuflehen. Bemüht euch lieber zu lernen, wie ihr mit dem Bösen umgehen sollt.«

Wir sollten also auf folgende Weise bitten:

»Herr, unser Gott, enthülle mir, wie Du die Welt erschaffen hast und welchen Gesetzen sie gehorcht. Erlaube mir, Deine Pläne zu erfassen. Gib mir jenes Verständnis, mithilfe dessen ich erkenne, auf welche Weise ich, so wie Du, über dem Bösen stehen kann. Lehre mich, es in den Dienst des Guten zu stellen, um große Dinge zu verwirklichen.«

Denn das Böse muss im Kosmos eine positive Rolle spielen; die gesamte Schöpfung beweist, dass es unbedingt notwendig ist für die kosmische Ordnung.

An die Brüder und Schwestern der ganzen Welt

»Möge unter uns allen Friede und Harmonie herrschen. Vergessen wir unsere Schwächen und Unvollkommenheiten, vergessen wir alles Böse, das wir uns zugefügt haben und arbeiten wir gemeinsam auf dem Feld des Herrn, um die Erde in einen Paradiesgarten zu verwandeln, in dem wir alle brüderlich zusammenleben. Amen. So sei es. Zum Ruhme Gottes.«

– D –

Danke – das magische Wort

Im Augenblick, in dem die Ereignisse ablaufen, können wir nicht wissen, ob sie sich für uns mit der Zeit als glückliche Umstände erweisen werden oder nicht. Wie viele Umstände, die die Leute für glücklich hielten, wurden am Ende zur Ursache ihres Zusammenbruchs! Und wie viele Prüfungen haben sich mit der Zeit als segensreich herausgestellt. Man kann also im jeweiligen Augenblick nicht vorhersagen, ob sie Glück oder Unglück bringen, sondern man muss warten, um dies beurteilen zu können.

Wie immer die Prüfungen auch aussehen, gewöhnt euch an, euch zu sagen, dass am Ende des Weges vielleicht das Glück auf euch wartet, und bedankt euch! Indem ihr »Danke« sagt, setzt ihr in euch Energien frei, die euch helfen werden, damit zurechtzukommen. Genau darin liegt die Macht des Wortes »Danke«: Es griff bereits das Hindernis an, als es noch im Begriff war, sich aufzubauen, und es neutralisiert die Gifte, welche Traurigkeit, Wut und Entmutigung in euch hervorriefen. Wiederholt es immer wieder und lasst seine Bedeutung dabei gut auf euch einwirken.

Sobald ihr ein Gefühl der Dankbarkeit in euch einkehren lasst, sobald ihr es aufrechterhaltet, um es wachsen zu lassen, beschränkt es sich nicht mehr darauf, passiv zu existieren. Dieses Gefühl besitzt bestimmte Schwingungen und zieht, durch das

Gesetz der Affinität, Gedanken und Empfindungen an, die ihm entsprechen. Wenn ihr euch zu dieser Dankbarkeit aufschwingt, werden euch alle Segnungen zuteil werden.

»Danke Herr«, »Danke mein Gott…«

Diese Worte sollten euch schließlich auf natürliche Weise über die Lippen kommen, ohne dass dafür eine Willensanstrengung nötig ist. Indem ihr dem Schöpfer dankt, verlasst ihr den engen Kreis eures persönlichen, begrenzten Ichs, um in den Frieden des kosmischen Bewusstseins einzutreten. Wenn ihr zurückkehrt, werdet ihr spüren, dass neue und sehr kostbare Elemente sich in euch niedergelassen haben.

»Danke, danke Herr, danke für das Leben, danke für das Licht, Dein Name sei gepriesen, in Ewigkeit!«

Demut vor dem Herrn erhebt und bereichert uns

Von einem spirituellen Standpunkt aus betrachtet, kann man sagen, dass der Hochmut den Menschen erniedrigt und arm macht, während die Demut ihn erhebt und bereichert. Der Hochmütige bläht sich auf, ist randvoll, aber dies bereichert und erhebt ihn nicht. Der Demütige hingegen macht sich leer, und gerade diese Leere zieht die Fülle an. Sobald irgendwo Leere entsteht, kommt etwas eilig herbei, um sie zu füllen.

Man muss demütig sein, um die Gottheit anzuziehen. Sie wird nur eintreten, wenn ihr euch leer gemacht habt. Sagt zu ihr:

»Oh, Herr, mein Gott, ich bin unwissend und Du bist die Weisheit, ich bin arm und Du bist der Reichtum, ich bin schwach und Du bist die Kraft…«

Dann seid ihr bereits dabei, in euch jene Leere herzustellen, in der der Herr Platz nehmen wird. Er wird eintreten, um sich durch euch zu offenbaren, und auf diese Weise erlangt ihr die wahre Macht.

Euer Heil liegt in dem Bewusstsein, dass ihr aus euch selbst heraus nur sehr klein seid und dass eure Größe nur von Gott kommt. Ihr könnt »an euch glauben«, aber unter der Bedingung, dass ihr durch dieses »euch« an Ihn glaubt.

Um ein Diener zu werden

»Herr, sende mir Deinen Geist, auf dass er mich führe und mich lehre, den richtigen Weg zu erkennen. Schreibe meinen Namen in Dein großes Buch, denn ich will Dein Diener werden.«

»Herr, ich bin noch blind und wankelmütig, aber ich möchte ein Instrument Deines Willens werden. Selbst wenn ich also den Weg noch nicht richtig sehe, bediene Dich meiner, damit ich Deine Pläne verwirkliche.«

»Mein Gott, Du kannst über mich nach Deinem Willen verfügen, zu Deinem Ruhme und für das Kommen Deines Reiches. Alles, was mir gehört, ist Dein. Ich werde Deinen Willen erfüllen. Mein Gott, ich bin Dein Diener.«

Während ihr diese Worte aussprecht, könnt ihr auch eure rechte Hand so hoch wie möglich zum Himmel strecken. Warum? Weil eine Hand sich nicht auf ihren physischen Teil begrenzt, sondern sich in die feinstofflichen Ebenen fortsetzt. Indem ihr so eure Hand ausstreckt, erbittet ihr den Segen der himmlischen Wesen, damit ihr fähig werdet, dieses Versprechen zu erfüllen. Legt anschließend eure rechte Hand auf den Solarplexus, damit alles, was ihr erhalten habt, tief in euch eindringt.

Ihr werdet nur dann gute Diener Gottes, wenn ihr euer ganzes Wesen zu einem umfriedeten Ort macht. Andernfalls wird es der niederen Natur immer gelingen, sich aufzudrängen und euch dazu zu zwingen, ihr zu dienen. Es ist unmöglich, sich von der niederen Natur zu befreien, denn sie ist ein Teil des Menschen, aber wenn ihr die Lichtgeister herbeiruft, werdet ihr fähig, sie zu beherrschen. Sprecht daher:

»Oh, ihr vollkommenen Diener Gottes, kommt und wohnt in mir, nehmt Besitz von meinem Verstand, von meinem Herzen und sogar von meinem physischen Körper. Helft mir, die göttliche Ordnung in meinem ganzen Wesen regieren zu lassen.«

»Herr, Du hast mir von allem reichlich gegeben, ich verlange nichts von Dir, sondern bitte Dich nur darum, mich in Deinen Dienst zu stellen, damit ich an Deiner Arbeit teilnehmen kann.«

Es gibt Tage, an denen man diesen Satz nicht von ganzem Herzen aussprechen kann, weil man innerlich ein Zögern spürt. Man sollte so weit kommen, ihn aufrichtig sagen zu können, nicht nur ab und zu, sondern täglich und in jedem Augenblick des Tages. Es ist etwas Großes, spüren zu können, dass man immer bereit ist. Glücklich derjenige, der aufrichtig und in voller Klarheit sagen kann:

»Mein Gott, ich bin Dein Diener, verfüge über mich nach Deinem Willen.«

Ab dem Augenblick, wo er dies sagen kann, fühlt er sich von solchen Kraftströmen getragen, dass er sich nichts anderes mehr wünscht.

Am Abend schließlich, bevor ihr einschlaft, begebt euch in die Hände des Herrn und sagt von ganzem Herzen:

»Mein Gott, Dir will ich dienen. Verfüge über mich.«

Am nächsten Tag könnt ihr mehrmals überprüfen, ob ihr in euren Gedanken, Gefühlen und Handlungen wirklich dabei seid, Ihm zu dienen. Es ist einfach, sich am Abend mit ein paar Worten in den Dienst des Herrn zu stellen, um ein gutes Gewissen zu haben. Aber am nächsten Tag lässt man sich wieder gehen und stellt erneut seine niedere Natur zufrieden. Bleibt also wachsam und beobachtet euch sorgfältig.

– E –

Gute Eigenschaften und Talente – wie man sie schützen kann

Der Herr möchte für Seine Geschöpfe nur eines, nämlich, dass sie sich entfalten und so viel wie möglich von den guten Eigenschaften und Talenten profitieren, die Er ihnen gegeben hat. Und um wirklich davon zu profitieren, müssen sie Ihm geweiht, denn dann stehen sie unter dem Schutz der Lichtgeister. Eine gute Eigenschaft, ein Talent, das ihr Gott weiht, wächst und wird verstärkt; andernfalls verliert ihr es in gewisser Weise. Selbst wenn ihr es noch nutzen könnt, ist es bereits so, als wärt ihr im Begriff, es zu verlieren, weil ihr nicht so viel davon profitiert, wie ihr könntet.

Versucht zu verstehen, dass man große Reichtümer besitzen kann, diese einem aber gleichzeitig vorenthalten bleiben können, weil man sie nicht geweiht hat, um ihren Schutz zu gewährleisten und sie fruchtbar zu machen. Täglich bringt ihr in eurem Haus oder anderswo eine Menge von unwichtigen Gegenständen in Sicherheit; warum vergesst ihr dann, eure guten Eigenschaften und Talente in Sicherheit zu bringen? Bittet den Herrn, euch Seine Engel zu schicken, damit sie euch die beste Art und Weise lehren, wie ihr sie für eure eigene Entwicklung und für das Wohl aller verwenden könnt: Dann sind sie geschützt wie ihr.

Sich mit den Plänen des Himmels in Einklang bringen

Ihre Wünsche zu befriedigen und ihre ehrgeizigen Ziele zu realisieren, danach streben die meisten Menschen Tag für Tag. Wer kommt schon auf den Gedanken, sich an den Himmel zu wenden mit Fragen wie:

> ***»Oh lichtvolle Geister, befinde ich mich in Einklang mit Euren Plänen? Was ist Eure Meinung? Was habt Ihr mit mir vor? Wo und wie soll ich arbeiten, um Euren Willen zu erfüllen?«***

Dennoch ist nichts für den Menschen wichtiger, als die Wesen der unsichtbaren Welt darum zu bitten, dass sie ihm die Möglichkeit geben, die Pläne des Himmels zu erfüllen; denn dadurch lässt er sich nicht mehr von seinen Launen und Schwächen leiten, sondern er schlägt eine Richtung ein, die dem entspricht, was sein Himmlischer Vater von ihm erwartet, und er entdeckt, dass dies das wahre Leben ist.

Die Erde

1 – damit die Erde uns kennenlernt

Die Menschen fühlen sich auf der Erde oft als Fremde, weil sie nicht wissen, was sie tun müssen, damit die Erde sie kennenlernt. Die Erde trägt und ernährt sie, aber sie kommen und gehen in alle Richtungen, auf den Wegen und Straßen, ohne je daran zu denken, was sie ihr schulden. Wenn ihr wollt, dass die Erde euch kennenlernt, dass sie Freundschaft mit euch schließt, dann schenkt ihr ein wenig von eurer Aufmerksamkeit. Wenn ihr in der Natur spazieren geht, bleibt von Zeit zu Zeit stehen, bückt euch oder setzt euch nieder, legt die Hand auf die Erde, streichelt sie und sagt zu ihr:

»Oh Erde, meine Mutter, wie sehr schätze ich deine Beständigkeit, deine Festigkeit, deine Großzügigkeit! Durch meine Achtung, meine Dankbarkeit und meine Liebe möchte ich dir ein wenig von all dem zurückgeben, was Du mir schenkst.«

Und haltet diesen Kontakt mit ihr dann noch eine Weile aufrecht.

2 – sie um ihre Hilfe bitten, um die Materie in uns zu verwandeln

Was macht die Erde mit den Abfällen, mit dem Schmutz, den man auf sie wirft? Sie verwandelt sie in einen Dünger, der die Pflanzen, von denen wir uns später ernähren, in ihrem Wachstum unterstützt. Es ist zum Teil diesem Dünger zu verdanken, dass die Früchte Farben haben, Düfte, einen Geschmack und alle möglichen nahrhaften Eigenschaften. Über welch ein Wissen und welch wunderbare alchimistische Labore muss die Erde verfügen!

Warum sollte der Mensch also nicht auch die gleichen verwandelnden Fähigkeiten wie die Erde besitzen? Warum sollte er an jenen Unreinheiten zerbrechen, die ihm in Form von Kritik, Verdächtigungen, falschen Anschuldigungen und anderen Äußerungen von Unverständnis großes Leid zufügen?

Bittet die Erde darum, dass sie euch ihr Wissen enthüllt, bittet sie, euch bei der Verwirklichung der gleichen alchimistischen Verwandlungsarbeit zu helfen, dann werdet auch ihr großartige Früchte hervorbringen, von denen ihr euch selbst ernährt und die ihr auch den Menschen in eurem Umfeld zum Kosten geben könnt.

Für das Erwachen des Bewusstseins

»Herr, möge die Weisheit meinen Verstand erhellen, möge die Liebe meine Seele beleben, möge die Wahrheit meinen Geist befreien, damit ich fähig werde, Deinen Willen in vollem Bewusstsein zu erfüllen.

Und erwecke auch, Herr, das Bewusstsein all jener, die unwissentlich dazu beitragen, Unordnung und Hass in der Welt aufrechtzuerhalten. Sende ihnen Dein Licht, gib ihnen entsprechende Bedingungen, damit sie sich verwandeln und zu guten Arbeitern auf Deinem Feld werden.«

– F –

Das Feuer

1 – am Übergang zwischen physischer und ätherischer Ebene

Da das Feuer eine Grenze zwischen der physischen und ätherischen Ebene darstellt, wird es in der Einweihungswissenschaft als das mächtigste Mittel angesehen, um mit der spirituellen Welt in Kommunikation zu treten. Bevor die Eingeweihten irgendeine wichtige Arbeit beginnen, entzünden sie deshalb gewöhnlich eine Flamme. Sie tun dies, weil sie wissen, dass das Feuer ihnen Zugang zu den feinstofflichen Regionen verschafft, in denen ihre Stimme gehört wird und wo sie die Bedingungen für eine Verwirklichung vorfinden werden.

2 – ihm Botschaften anvertrauen

Ihr wünscht jeden Tag das Beste für euch selbst, für eure Familie, für eure Freunde, für die ganze Welt, und ihr fragt euch, was ihr tun müsst, damit sich diese Wünsche verwirklichen. Hier ist eine Methode. Schreibt diese Wünsche auf ein Blatt Papier, verbrennt es und übergebt die Wünsche dem Feuerengel mit den Worten:

»Geliebter Engel, transportiere meine Gebete bis zum Thron Gottes.«

Da das Feuer für den Übergang zwischen den sichtbaren und den unsichtbaren Welten zuständig ist, werden gleich nach dem Verbrennen des Papiers Geister, Diener Gottes, dies erfahren und überlegen, wie sie euch zufriedenstellen können. Erwartet nicht, sofort erhört zu werden, sondern seid geduldig und arbeitet weiterhin im Sinne der von euch formulierten Bitten. Da ihr sie dem Feuer anvertraut habt, werdet ihr erleben, wie sie sich eines Tages verwirklichen.

3 – an den Engel des Feuers

»Engel des Feuers, sei gepriesen und hab Dank für das Licht und für die Wärme, die Du uns schenkst. Tritt ein in mein Herz und entzünde in ihm Deine Glut.«

4 – an die Geister des Feuers

Ihr betrachtet ein Holzfeuer. Gebt euch nicht damit zufrieden, es anzuschauen, sondern denkt daran, dass dieses Feuer euch helfen kann, eine echte innere Arbeit auszuführen, denn es ist von lebendigen Wesenheiten bewohnt, die in bestimmten Überlieferungen Salamander genannt werden. Wendet euch an sie und sprecht:

»Geister des Feuers, ihr, die ihr so viele Geheimnisse kennt, erlaubt, dass die in diesen Flammen enthaltenen Energien meine Hände durchdringen, meine Muskeln, mein Blut und alle Atome meines Wesens.«

5 – Symbol der Kerze: die Flamme entzünden und wachhalten

Die Kerzen, die man in Kirchen, Tempeln und selbst in Häusern anzündet, sind Symbole für unseren Geist und unsere Seele, die wir jeden Tag an der himmlischen Flamme entzünden sollen. Und wenn wir sie entzündet haben, können wir den Feuerengel bitten, uns dabei zu helfen, andere Geister und andere Seelen um uns herum zu entzünden. In einer Einweihungsschule lernen wir, unseren Geist und unsere Seele zu entzünden, aber das genügt nicht. Wenn sie einmal entzündet sind, müssen wir ihre Flamme wachhalten, damit auch andere Geister, andere Seelen kommen können, um sich an diesem Feuer zu entzünden.

6 – Gebet an die Flamme

Die Flamme einer Kerze ist ein Aspekt des Sonnenfeuers, das uns auf der physischen, aber auch auf der spirituellen Ebene erhellt, erwärmt und belebt. Auf der physischen Ebene hat die Flamme der Kerze natürlich nicht die Macht des Sonnenfeuers, aber auf der spirituellen Ebene besitzt sie die gleichen Fähigkeiten, weshalb es wichtig ist, dass wir lernen, mit ihr zu kommunizieren. Nehmt eine Kerze und weiht sie mit den Worten:

> ***»Ich entzünde diese Flamme für den Engel des Feuers, zum Ruhme des Lichtes.«***

Dann zündet ihr sie an und wendet euch an sie:

> ***»Geliebte Flamme, Symbol des Heiligen Geistes, Symbol der göttlichen Liebe, Symbol des kosmischen Feuers, Symbol der geistigen Sonne, durchdringe mich, durchtränke meine Zellen, damit der Heilige Geist sich eines Tages in mir niederlässt.«***

Denn der Heilige Geist, der ein Feuer ist, kommt nur auf denjenigen herab, der das heilige Feuer in seiner Seele entzündet hat.

7 – am Abend um das Feuer

Wenn wir uns am Abend des Michaelsfestes um das Feuer versammeln, sprechen wir dabei drei Gebete. Und nach jedem Gebet singen wir ein Lied, das selbst auch ein Gebet ist.

Das Vaterunser (Mt 6, 9-13)

Vater unser, der Du bist im Himmel,
geheiligt werde Dein Name,
Dein Reich komme,
Dein Wille geschehe
wie im Himmel so auf Erden.
Unser tägliches Brot gib uns heute.
Und vergib uns unsere Schuld,
wie auch wir vergeben unsern Schuldigern.
Und führe uns nicht in Versuchung,
sondern erlöse uns von dem Bösen.
Denn Dein ist das Reich
und die Kraft
und die Herrlichkeit
in Ewigkeit.
Amen!

Es wird gesungen:

»Blagoslaviaï, douché moïa, Gospoda: Lobpreise den Herrn, meine Seele, vergiss nicht all Seine Gnade.«*

* Erhältlich beim Prosveta Verlag auf der Musik-CD Nr. 1510 »Chants de la Fraternité Blanche Universelle«, Lied Nr. 19.

Das gute Gebet

Herr und Gott,
unser sanftmütiger Vater im Himmel,
Du hast uns Leben und Gesundheit geschenkt,
damit wir Dich mit Freuden anbeten,

Sende uns Deinen Geist,
um uns zu beschützen und vor allem Bösen
und allen schlechten Gedanken zu bewahren.

Lehre uns, Deinen Willen zu erfüllen,
Deinen Namen zu heiligen, Dich ständig zu verherrlichen.

Heilige unseren Geist,
erhebe unsere Herzen und unseren Verstand,
damit wir Deine Gebote und Deine Weisungen befolgen.

Inspiriere uns durch Deine heilige Gegenwart
zu reinen Gedanken und leite uns,
damit wir Dir mit Freuden dienen.

Segne das Leben, das wir Dir weihen,
zum größten Wohl unserer Brüder und aller,
die uns nahestehen.

Hilf uns, steh uns bei,
damit unsere Erkenntnis und unsere Weisheit
von Tag zu Tag zunehmen
und wir in Deiner Wahrheit bleiben.

Führe uns, damit alles,
was wir in Deinem Heiligen Namen tun, dazu beiträgt,
Dein Reich auf Erden zu errichten!

Nähre unsere Seelen mit Himmelsbrot
und erfülle uns mit Deiner Kraft, damit wir unser Leben meistern können!

Und da Du uns überreich mit all diesen Segnungen beschenkst, gewähre uns auch Deine Liebe,
damit sie auf ewig unser höchstes Gebot bleibe.

Denn Dein ist das Reich
und die Kraft
und die Herrlichkeit
in Ewigkeit.
Amen.

Es wird gesungen:

*»Douhǎt Boji: Geist Gottes, ewiger Geist, heiliger Geist...«.**

Psalm 91

Wer unter dem Schirm des Höchsten sitzt
und unter dem Schatten des Allmächtigen bleibt,
der spricht zu dem Herrn:
»Meine Zuversicht und meine Burg,
mein Gott, auf den ich hoffe.«
Denn Er errettet dich vom Strick des Jägers
und von der schädlichen Pestilenz.
Er wird dich mit seinen Fittichen decken,
und deine Zuversicht wird sein unter Seinen Flügeln.
Seine Wahrheit ist Schirm und Schild,
dass du nicht erschrecken müssest vor dem Grauen

* Erhältlich beim Prosveta Verlag auf der Musik-CD Nr. 1510 »Chants de la Fraternité Blanche Universelle«, Lied Nr. 20.

der Nacht,
vor den Pfeilen, die des Tages fliegen,
vor der Pestilenz, die im Finstern schleicht,
vor der Seuche, die im Mittage verderbt.
Ob tausend fallen zu deiner Seite und zehntausend zu deiner Rechten,
so wird es doch dich nicht treffen.
Ja, du wirst es sehen mit eigenen Augen,
wirst schauen, wie den Gottlosen vergolten wird.
Denn der Herr ist deine Zuversicht,
der Höchste ist deine Zuflucht.
Es wird dir kein Übel begegnen,
und keine Plage wird zu deiner Hütte sich nahen.
Denn er hat Seinen Engeln befohlen über Dir,
dass sie dich behüten auf allen deinen Wegen.
Dass sie dich auf den Händen tragen
und du deinen Fuß nicht an einen Stein stoßest.
Auf Löwen und Ottern wirst du gehen
und treten auf junge Löwen und Drachen.
»Er begehret mein, so will ich ihm aushelfen;
Er kennt meinen Namen,
darum will ich ihn schützen.
Er ruft mich an, so will ich ihn erhören;
ich bin bei ihm in der Not;
ich will ihn herausreißen und zu Ehren bringen.
Ich will ihn sättigen mit langem Leben
und will ihm zeigen mein Heil.«

Es wird gesungen:

»Blagosloven Gospod Bog nach: Gelobt sei der Herr, unser Gott, Herr aller Zeiten...«.*

* Erhältlich beim Prosveta Verlag auf der Musik-CD Nr. 1510 »Chants de la Fraternité Blanche Universelle«, Lied Nr. 21.

Bemüht euch beim Sprechen dieser Gebete und beim Singen dieser Lieder, einen sehr lebendigen Gedanken zu formen, der von einem mächtigen Gefühl unterstützt wird, um mit den Lichtströmen der unsichtbaren Welt in Kontakt zu treten. Im Buch Joshua steht geschrieben, dass die Klänge der Trompeten und die Stimmen eines Volkes die Mauern von Jericho einstürzen ließen. Durch ihre aufrichtigen Gedanken und inbrünstigen Gefühle können die Kinder Gottes die Mauern des Materialismus, des Egoismus und der Ungerechtigkeit zum Einsturz bringen.

Die spirituellen Freuden teilen

Ihr spürt, dass das spirituelle Leben euch Momente des Friedens, der Freude, des Entzückens bringt. Und da ihr wisst, dass eure inneren Zustände Wellen erzeugen, die sich verbreiten, solltet ihr dieses Glück nicht nur für euch behalten. Denkt an alle Menschen in der Welt, die in Angst und Verzweiflung leben, konzentriert euch auf sie, während ihr die himmlischen Wesen bittet, euch beim Verteilen eurer Reichtümer zu helfen. Sagt:

»Das, was ich bekommen habe, kann ich nicht alles nur für mich behalten. Nehmt einen Teil davon und bringt ihn zu jenen, die es am nötigsten haben. Ich vertraue euch diese Aufgabe an.«

Auf diese Weise tut ihr nicht nur den anderen etwas Gutes, sondern verstärkt diese Zustände auch in euch. Denn es ist ein magisches Gesetz, welches besagt, dass ihr, um eure Freude zu behalten, sie mit anderen teilen müsst.

Einladung an die himmlischen Freunde

Weshalb beschränkt ihr euch auf die Begegnungen mit den Menschen auf der physischen Ebene? Es gibt im Universum andere Wesen, die man treffen und mit denen man in Beziehung treten kann. Ihr habt jeden Tag die Möglichkeit, euch nicht nur mit den Lichtwesen zu verbinden, die das Universum bevölkern, sondern auch, sie anzuziehen. Schickt ihnen folgende Einladung:

»Himmlische Freunde, Ihr, die ihr in der Schönheit, der Poesie und der Musik lebt, lasst euch in mir nieder wie in eurem eigenen Zuhause, mein ganzes Wesen ist für euch geöffnet.«

Wenn ihr nicht lernt, die himmlischen Wesen in euch einziehen zu lassen, dürft ihr euch nicht wundern, wenn andere, keinesfalls himmlische Wesen eintreten, ohne auf eure Einladung zu warten. Die Entscheidung liegt bei euch, wen ihr zu euch einladen wollt.

»Oh Engel des Himmels, Erzengel und Gottheiten, Diener des Allmächtigen Gottes und der Göttlichen Mutter, ihr, die ihr Wissen und Macht besitzt, kommt und wohnt in meinem Geist, in meiner Seele, in meinem Verstand, in meinem Herzen und sogar in meinem physischen Körper. Kommt und wohnt auch in meiner Wohnung, auf dass mein ganzes Wesen und alles, was mir gehört, zum Kommen eines neuen, Goldenen Zeitalters auf der Erde beitragen möge.«

Im Frühling

Im Frühling, wenn die ersten Blätter und Blüten erscheinen, denkt daran, euch mit dieser Erneuerung in Einklang zu bringen und sagt:

»So wie die Natur sich entfaltet, so möge mein gesamtes Wesen sich entfalten und blühen, möge die ganze Menschheit in einem ewigen Frühling leben.«

Auf diese Weise erschafft ihr durch das schöpferische Wort in euch und in eurer Umgebung die Voraussetzungen für eine neue Welt.

– G –

Um Geduld zu entwickeln

Ihr seid euch nicht genug darüber bewusst, wie sehr jede ungeduldige Bewegung, zu der ihr euch hinreißen lasst, der Manifestation eurer guten Eigenschaften schadet. Seid also wachsamer und reagiert nicht darauf, sobald ihr spürt, dass sich Wut oder Verzweiflung in euch breitmachen wollen, sagt nur:

»Herr, der Du nie von den Übertretungen der Menschen erfasst wirst, Du, der Du wartest, bis sie ihre Fehler erkennen und ihre Rückkehr zu Dir beschließen, bitte gib mir Deine Geduld.«

Atmet dann tief und ruft die Mächte des Friedens, der Harmonie und des Lichts herbei, sie werden euch helfen, die beste Einstellung zu finden.

Es ist so wichtig, mit dem Atem zu arbeiten! Deshalb könnt ihr auch am Morgen, wenn ihr die Atemübungen ausführt, innerlich das Wort »Geduld« wiederholen und euch dabei von seinem Sinn, seiner Schwingung, seiner Aura durchdringen lassen. Fügt beim Aussprechen dieses Wortes ein bedeutsames Bild hinzu, das seine Wirkung verstärkt. Eines Tages wird diese Tugend schließlich euer gesamtes Bewusstsein durchdringen und ihr werdet sogar angesichts von Widrigkeiten oder bösen Überraschungen in der Lage sein, eure Ruhe zu bewahren.

Um geführt zu werden

Wendet euch täglich an den Herrn und bittet Ihn, geführt zu werden, damit euer Tun gut für euch selbst und für die anderen ist. Natürlich wird nicht Er persönlich kommen, um euch zu inspirieren, aber er wird euch Engel schicken, die Seine Diener sind, und euch begleiten werden. Später werdet ihr erfahren, dass auf den Wegen, die ihr gegangen seid, Unfälle und Unglücke verhindert und stattdessen viele gute Dinge verwirklicht werden konnten. Man wird euch zeigen, wie viele wunderbare Wesenheiten sich offenbaren konnten, weil ihr täglich den Herrn darum gebeten habt, euch in eurem Leben zu lenken.

Damit die uns umgebenden Gegenstände zu Behältern des göttlichen Geistes werden

Ob es sich um ein kleines Zimmer oder um ein großes Haus handelt, alle Orte, die ihr bewohnt, die Wände, Möbel und Gegenstände sind von euren Ausströmungen durchdrungen. Das ist die magische Seite von Präsenz, die bewirkt, dass ihr auf allem, was euch umgibt, und besonders auf den Dingen, die ihr berührt, ätherische Teilchen hinterlasst, die Leiter günstiger oder ungünstiger Einflüsse sind. Wenn eure Ausströmungen von Weisheit und Liebe durchdrungen sind, hinterlasst ihr gute Fluida auf den Gegenständen, sodass sie zu Überträgern von Licht, von Freude und Gesundheit werden.

Gewöhnt euch in Zukunft an, folgende Übung zu machen: Lernt, in allen Räumen eures Hauses, die Gegenstände voller Achtsamkeit zu benutzen und bittet dabei den göttlichen Geist, seinen Segen über ihnen auszubreiten. Sagt:

»Geist des Lichtes, der Reinheit, der Wahrheit, ich bitte dich, diese Gegenstände zu Werkzeugen deiner Stärke zu machen.«

Ihr werdet bald spüren, wie lebendig und vibrierend die Atmosphäre um euch herum wird, und der Geist wird eure Wohnstätte bewohnen.

Geister der Toten – wie wir an sie denken sollen

Beim Tod eines geliebten Menschen ist es ganz natürlich, dass man das Bedürfnis verspürt, sich an Erinnerungen in Form von Gegenständen, Briefen und Fotos festzuklammern. Und es ist auch natürlich, dass man zu seinem Grab geht und dort an ihn denkt. In dem Grab liegt aber nur der Körper, nicht der Geist. Der Geist braucht Freiheit und macht Anstrengungen, sich vom Körper zu befreien, um in der Unendlichkeit, die seine wahre Heimat ist, reisen zu können. Wenn jemand am Grabe leidet und weint, als müsse die im Sarg liegende Person ewig dort bleiben, begrenzt und stört er diese Seele in ihrem Befreiungswunsch – und er wird sie auch dadurch nicht wiederbekommen.

Lasst die Toten in Ruhe dorthin ziehen, wo sie hingehen müssen. Klammert euch nicht an eure Verwandten und Freunde. Wenn ihr ihnen helfen wollt, sagt nur:

»Herr, nimm dieses Wesen auf in Deinem Licht.«

Und denkt an sie, sprecht zu ihnen mit viel Liebe. Die Toten sind extrem sensibel für das, was die Lebenden über sie sagen, genauso wie für die Gedanken und die Gefühle, die sie für sie empfinden. Denn Worte, ebenso wie Gefühle und Gedanken, erzeugen Schwingungen, senden Wellen aus, die die Verstorbenen erreichen.

Geister des Bösen vertreiben

»Im Namen der göttlichen Liebe, die unveränderlich und ewig ist, im Namen der göttlichen Weisheit, die unveränderlich und ewig ist, in denen wir leben, uns bewegen und unser Sein haben, im Namen des göttlichen Wortes, möge alles Böse verschwinden.«

Einladung an die Geister des Lichtes

Die Geister des Lichtes wenden den Menschen gegenüber niemals Gewalt an, sie drängen sich nicht auf, sie werden sich nie in jemandem niederlassen, der sie nicht eingeladen hat. Die Geister der Finsternis hingegen drängen sich auf, befehlen und klammern sich fest. Wenn ihr also Besuch von den Lichtgeistern erhalten wollt, ist es an euch, sie einzuladen und zu ihnen zu sagen:

»Seht, hier bin ich der Besitzer, ich bin der Hausherr, kommt, ich bitte euch, verfügt über alles, es gehört euch.«

Wenn diese Lichtwesen merken, dass sie den Willen des Besitzer ausführen, treten sie ein; dabei können sie sogar sehr mutig werden und sich, um hereinzukommen, auf die Wesen der Finsternis stürzen und sie verjagen: *»Los, raus hier!«* Ja, in dem Moment sind sie tatsächlich in der Lage sich durchzusetzen. Solange der Hausherr sie jedoch nicht eingeladen hat, kommen sie nicht herein, sondern respektieren seinen Willen.

»Gepriesen seist Du, Herr«

»Gepriesen seist Du, Herr.« Auf Bulgarisch: *»Slawa na Tebe, Gospodi.«* Bei Meister Peter Deunov habe ich in sehr jungen Jahren gelernt, wie wichtig es ist, den Herrn tagsüber immer wieder zu preisen. Das kann auf Bulgarisch, Französisch oder in einer anderen Sprache geschehen und egal ob ihr zuhause, auf der Straße oder bei der Arbeit seid. Denkt daran, immer wieder innezuhalten und sprecht innerlich – oder auch laut, wenn ihr allein seid – diese wenigen Worte, um euch mit der göttlichen Quelle des Lebens verbunden zu fühlen. Das Wichtigste ist die Bewusstheit, mit der ihr sprecht. Tut es mit dem Gefühl, eine heilige Handlung auszuführen. Was zählt, ist die Intensität, nicht die Dauer.

Sprecht auch:

»Mein Gott, erfülle mein Herz mit Liebe und stärke meinen Willen, damit ich fähig werde, zu Deinem Ruhm und in Deinem Namen zu handeln.«

Und bleibt beharrlich in dem Gedanken, dass ihr eines Tages fähig sein werdet, Gott auf Erden so zu lobpreisen, wie die Engel Ihn im Himmel lobpreisen.

Gott hat es selbstverständlich nicht nötig, dass wir seine Wohltaten besingen, denn alles, was wir über Ihn sagen können, kann Seine Größe nicht mehren. Wir selbst brauchen es, Ihn zu preisen, um in Sein Licht einzutreten. Um den Herrn zu preisen, genügt es jedoch nicht, unaufhörlich zu wiederholen, dass Er weise, mächtig und voller Liebe ist. Wir lobpreisen Ihn, indem wir daran arbeiten, unsere Gedanken, unsere Gefühle, unsere Wünsche und unser Tun zu reinigen. Auf diese Weise treten wir in Sein Licht ein, und überall dort, wo ein Strahl dieses Lichtes hinfällt, werden auch wir anwesend sein.

Gerechtigkeit erbitten

Sobald sie sich durch irgendetwas verletzt fühlen, gehen die meisten Menschen vor Gericht und wollen, dass ihnen Gerechtigkeit widerfährt. Aber was wissen sie wirklich von der Gerechtigkeit? Ihr werdet antworten, dass es in der Gesellschaft Gesetze gibt und dass diese Gesetze auf alle in gleicher Weise angewendet werden müssen. Sehr gut. Aber ist es zum Beispiel dasselbe, ob ein Mann, der nur sehr wenig Geld zum Leben hat, oder ein Milliardär Tausend Franken bezahlen muss? Nein. Denkt also über dieses Beispiel nach und begreift, wie schwierig es ist, auf wirklich gerechte Weise Gerechtigkeit walten zu lassen. Manchmal begeht man eine noch größere Ungerechtigkeit, indem man Gerechtigkeit einfordert.

Wenn ihr findet, dass euch eine Person Unrecht zugefügt hat und unbedingt dafür zur Rechenschaft gezogen werden muss, dann wendet euch an die unsichtbare Welt und sagt:

»Hier, diese Person hat mir dies und das angetan, und deswegen stoße ich jetzt in diesem oder jenem Bereich auf große Schwierigkeiten. Ich bitte euch also, einzuschreiten, damit der mir angetane Schaden wiedergutgemacht wird.«

Auf diese Weise erhebt ihr Klage vor dem Himmel, so wie man es im gewöhnlichen Leben vor Gericht tut, und dann wird der Himmel sehen, wie er handeln muss. Selbstverständlich können nicht alle Fälle auf diese Weise gelöst werden. Wendet euch aber so weit wie möglich an die göttliche Gerechtigkeit, um diese Art von Fragen zu regeln.

Die Gipfel der Berge, Verbindung zwischen Erde und Himmel

In den meisten Mythologien gilt der Berg als Sitz der Götter. Man kann dies als Symbol betrachten, weil das Bild des Gipfels immer mit der göttlichen Welt in Verbindung gebracht wird. Aber es ist auch eine Realität, dass die Gipfel der Berge die Strömungen ferner Räume empfangen. Sie sind wie Antennen, dank denen die Erde mit dem Himmel in Verbindung steht. Deshalb werden sie, geschützt vor der Hektik und dem Lärm der Menschen, von sehr reinen und sehr mächtigen Wesenheiten bewohnt.

Die Berge sind also etwas ganz anderes als nur Orte, an denen man eine reinere Luft atmet, sich ausruht oder sportliche Leistungen vollbringt, und sie haben auch ihren Platz in unserem inneren Leben. Wenn ihr am Horizont einen Gipfel seht, auch wenn er weit entfernt ist, hebt eure Hand und grüßt die Wesenheiten, die auf ihm wohnen. Bittet sie, dass sie euch zu sich hinziehen, um in ihre Reinheit und in ihr Licht eintauchen zu können. Ihr werdet auf diese Weise lernen, mit den Gipfeln der höchsten Berge Verbindungen zu erschaffen, und ihr werdet von ihnen die beste Nahrung für eure Seele und für euren Geist empfangen.

Der Glaube genügt nicht

»Herr, gib mir das Licht«,

Darum solltet ihr täglich bitten, bevor ihr euch auf eine wichtige Unternehmung einlasst. Denn allein das Licht wird euch ermöglichen, die richtige Richtung einzuschlagen und den Fallen auszuweichen, und es gibt euch die Kraft, eure Unternehmungen bis ans Ziel zu führen.

Um erfolgreich zu sein, reichen Glaube und gute Absichten nicht aus. Bevor ihr den Herrn bittet, Seine Hilfe beizusteuern, müsst ihr versuchen herauszufinden, wohin ihr den Fuß setzt und prüfen, ob ihr für den Erfolg ausreichend gewappnet seid. Der Herr Selbst kann nichts für diejenigen tun, die nicht wach sind oder die unüberlegt handeln. Und Überlegen bedeutet zunächst, die eigene Fähigkeit, den Sachverhalt zu durchschauen sowie seine Kräfte richtig einzuschätzen und ein wenig in Frage zu stellen. Ohne diesen vorausgehenden Zweifel kann der Glaube zur Katastrophe – ja, sogar zum Verlust des Glaubens selbst führen!

Die Grenze zwischen dem Spirituellen und dem Materiellen unterscheiden können

Es existiert eine materielle Welt und es existiert eine spirituelle Welt, aber die Spiritualisten unterscheiden die beiden in ihrem täglichen Leben nicht immer voneinander. Es sind nur wenige, denen es gelingt, die Angelegenheiten und Interessen der Erde von den Angelegenheiten und Interessen des Himmels richtig zu trennen und sich zu fragen, welchen von beiden sie gerade dienen. Deswegen wäre es vernünftig, sich jeden Tag diese Frage zu stellen und zu sprechen:

> ***»Herr, öffne meine Augen, damit ich meinem Ideal der Gerechtigkeit, der Uneigennützigkeit und der Reinheit treu bleibe. Hilf mir, niemals danach zu trachten, aus meinem spirituellen Engagement materielle Vorteile zu ziehen.«***

Gebet an die Kräfte des Guten

Man hört täglich, wie sich die Menschen über alles beklagen, was in der Welt schlecht läuft. Sie sind sich nicht im Klaren darüber, wie gefährlich dieses Verhalten ist, denn indem man unablässig das Schlechte unterstreicht, schwächt man es nicht, sondern stärkt es im Gegenteil oft nur. Man muss das Gute stärken! In dem Augenblick, in dem ihr im Begriff seid, euch über etwas oder jemanden zu beklagen, wendet euch lieber an die Mächte des Guten und sagt:

»Oh, ihr Mächte des Guten, denen Gott die Aufgabe gegeben hat, über die Menschen zu wachen, setzt euch in Bewegung. Gebt uns eure Weisheit und eure Liebe, lehrt uns, wie wir jeden Tag etwas Gutes auf diese Erde bringen können, um am Kommen des Reiches Gottes mitzuarbeiten.«

Und lasst euch niemals durch den Gedanken schwächen, das Böse könne euch, in welcher Form auch immer, leicht erreichen. Ja, ihr seid ihm erst dann wirklich ausgesetzt, wenn ihr euch ständig verletzlich und schutzlos fühlt. Führt ein ehrliches und reines Leben, verbindet euch mit dem Herrn und mit den himmlischen Wesen, dann werdet ihr spüren, dass etwas Wesentliches in euch – allen Widerwärtigkeiten zum Trotz – in Sicherheit bleibt.

»Herr, mögen alle Kräfte des Guten ausgelöst werden. Mögen sie sich in Bewegung setzen, um die ganze Welt umzuwandeln. Mögen sich alle Kräfte und Mächte des Guten als Liebe, Licht und Reinheit an die Arbeit machen, um das Böse zu bezwingen, damit das Reich Gottes und seine Gerechtigkeit so schnell wie möglich auf die Erde komme, und das Goldene Zeitalter sich unter den Menschen verwirkliche. Amen, so sei es!«

Geld – es Gott weihen, um es sinnvoll zu verwenden

Gewöhnt euch an, alles, was euch gehört, Gott zu weihen, dies ist das einzige Mittel, es in Sicherheit zu bringen. Weiht Ihm sogar euer Geld und sagt:

»Hier, Herr, dies gehört Dir.«

Natürlich braucht Gott, dem das gesamte Universum gehört, euer Geld nicht. Warum sollen wir es Ihm dann aber geben? Weil die Geste und allein der Gedanke, es Ihm zu weihen, es bereits in Sicherheit bringt. Und Er wird euch danach eingeben, was ihr damit tun sollt. Ihr seid wie der Buchhalter oder der Kassenwart, und Gott, der Besitzer, wird euch gute Ratschläge erteilen, dank derer euer Geld niemals verloren geht, weil es Ihm gehört. Warum verlieren so viele reiche Leute ihr Vermögen oder machen schlechte Geschäfte? Weil sie ihr Geld nicht zuerst Gott geweiht haben, der allein in der Lage ist, ihnen zu raten, wie sie es für das Gute verwenden können.

Gott – der Platz, den wir Ihm in unserem Leben geben sollten

Der Tag, an dem ihr beschließt, Gott, den Herrn des Universums, an die Spitze eurer Existenz zu stellen, wird für euch der Beginn der wahren inneren Veränderungen sein. Wendet euch also an Ihn und sprecht:

»Deinen Willen, Herr, will ich erfüllen, und nicht meinen. Komm und regiere mein Leben!«

Und bemüht euch, in diesem Sinne zu arbeiten. Dank der Verbindung, die ihr mit Ihm, dem Kopf, der Spitze, hergestellt habt, werdet ihr fühlen, dass der Herr wirklich die Führung in eurem Leben übernimmt. Und da ein König niemals alleine kommt, ist Er von einem ganzen Gefolge begleitet: von lichtvollen und schönen Wesen, die für Ihn singen. Und was sind das für Lieder? Segnungen, die ihr unablässig empfangt.

– H –

Vor Heiligenbildern

Die Gläubigen beten, singen und knien vor Statuen und Ikonen nieder, sie zünden auch Kerzen an, sie küssen sie sogar, schmücken sie mit Blumen und tragen sie auf Prozessionen mit. Das Heiligenbild ist unbeweglich, schweigsam, aus Gips, aus Holz, aus Stoff oder Marmor, und die Gläubigen bitten es, sie zu retten. Sie glauben daran und es ist wahr, dass sie Hilfe erhalten können. Aber hat das Bildnis dies bewirkt? Nein, sondern die Intensität der psychischen Energien, die von den Gläubigen ausgesandt wurden. Diese Energien sammeln sich auf dem Heiligenbild, welches dadurch zu einem Träger ihrer Gebete und Anrufungen wird. Was ihnen hilft, sie unterstützt, das ist der innere Zustand von Licht, von Liebe, von Frieden, den ihre Bitten erschaffen, ebenso wie die Prägungen, die diese in ihnen hinterlassen.

Dank der inneren Verbindung, die ihr mit der göttlichen Welt herstellt, könnt also nur ihr selbst wirklich etwas für euch tun. Die Statuen und Heiligenbilder sind lediglich ein Ausgangspunkt, eine Unterstützung. Das Gleiche gilt für die Tempel und Kirchen. Diese heiligen Räume geben euch nur die Bedingung dafür, euch zu sammeln und in euch selbst die Mittel zu finden, um die himmlischen Regionen aufzusuchen, aus denen eure Inspiration und euer Heil kommen werden.

An heiligen Orten

Mehrere Orte auf der Erde werden als heilige Orte betrachtet, weil sie in der Vergangenheit von Menschen mit großer spiritueller Erhabenheit bewohnt waren. Tausende von Personen pilgern zu ihnen hin, weil sie glauben, etwas von dem Geist zu finden, der dort einmal wehte. Aber oft ist dieser Geist woanders hingegangen… Dies bedeutet nicht, dass es nicht empfehlenswert wäre, heilige Orte zu besuchen, nein, besucht sie, aber seid euch dabei wohl bewusst, dass diese Orte euch vor allem ein Ansporn sein sollen, um den einzig wahren heiligen Ort zu finden, der sich in eurem Inneren befindet. Wenn ihr diesen Ort nicht in euch selbst findet, könnt ihr noch so lange in innerer Sammlung an den heiligen Orten der Welt verbleiben, ihr werdet nichts finden und bleibt immer arm, leer und unbefriedigt.

Wenn ihr also heilige Orte besucht, so wendet euch in Gedanken an die Menschen, die dort einst wohnten, versucht, euch bis zu ihnen zu erheben, bittet sie, euch mit ihrem Geist zu durchdringen, lasst euch von ihrer Philosophie inspirieren. Von dem Tag an, an dem euch dies gelingt, werdet ihr euch, wohin ihr auch geht, in Kommunion mit allen großen Lichtwesen fühlen, die sich für eine bestimmte Zeit auf der Erde inkarniert haben, ihr werdet euch von ihrer Weisheit und ihrer Liebe ernähren.

Dem Herrn unser Herz schenken

Wir haben ein Herz, aber auch die Natur hat eines, und genau genommen sind die Ozeane die Entsprechung zu unseren Herzen. Die Natur schenkt ihr Herz, sie breitet es vor der Sonne aus und sagt: »Mein Herr, ich schenke Dir mein Herz, mein Blut, benütze es dazu, dass die Pflanzen, Tiere und Menschen in der Fülle leben können.« So nimmt die Sonne einen Teil dieses »Blutes« und hebt es hinauf, um es mit spirituellen Gaben zu füllen. Und wenn dieses »Blut« in Form von Regen wieder auf die Erde zurückfällt, haben alle Lebewesen einen Nutzen davon und freuen sich.

Was ist ein Eingeweihter? Ein Mensch, der jeden Tag in seinem Inneren dieses Geschenk des Ozeans an die Sonne wiederholt. Er stellt sich vor den Herrn und sagt: »Herr, hier ist mein Herz, ich schenke es Dir.« Dieses in seinem Herzen gebrachte Opfer gleicht dem, was in der Natur vorgeht. Dank der Sublimierung seiner Liebe, seines Blutes, begegnet er der Sonne, welche der Repräsentant Gottes auf Erden ist, und diese Begegnung bereichert ihn mit geistigen Essenzen, die sich auf sein gesamtes Wesen übertragen.

Auch wir sollten fähig sein, unser Herz zu schenken und zu sagen:

> ***»Mein Gott, Du besuchst jeden Tag alle von Dir erschaffenen Wesen, um sie mit Deinem Leben und Deiner Liebe zu unterstützen. Ich biete Dir mein Herz dar, nimm es und erfülle es mit Güte und Zärtlichkeit für meine Menschengeschwister. Möge dieses Herz zu einer Quelle werden, aus der für sie die Wasser des ewigen Lebens sprudeln.«***

Hilfe bringen

1 – einem Verwandten oder Freund, der leidet

Ihr wollt einem leidenden Verwandten oder Freund helfen. Öffnet diesem Leid nicht euer Inneres, sondern konzentriert euch nur darauf, Freude anzusammeln, die ihr dann über ihn ergießt, wenn ihr ihn wieder aufsucht. Und sagt nicht, es sei unmöglich, nicht für das Leid eines geliebten Wesens empfänglich zu sein und vor ihm zu verbergen, dass man sein Leid teilt. Wenn ihr ihm wirklich helfen wollt, so beginnt damit, dem Himmel und der Erde zu danken, und schwingt euch dann bis zum Thron Gottes empor, um dort Hilfe für ihn zu erbitten. Dann werden euch Lichtwesen der unsichtbaren Welt den Weg frei machen, sie werden eure Bitte unterstützen und euch helfen, eure Liebe zu manifestieren.

Und weil der Gesang eine Form des Gebetes ist, ist auch das Singen ein Mittel, den Kummer eines leidenden Menschen zu lindern. Ihr könnt das sogar aus der Ferne tun. Denkt, dass ihr neben ihm sitzt und für ihn singt. Wählt ein Lied, das euch für seinen Zustand am besten geeignet scheint und formt beim Singen ein Bild von ihm, wie er ruhig geworden ist und lächelt. Wiederholt das mehrmals. Wenn ihr den starken Wunsch habt, ihm zu helfen, so wird das, was ihr da tut, auch wenn es euch unbedeutend erscheint, Ergebnisse bringen. Natürlich werden umso schneller die Ergebnisse kommen, je länger ihr euch darin geübt habt, diese weiß-magische Arbeit auszuführen.

2 – der gesamten Menschheit

Ihr hört jeden Tag von den Missgeschicken, die arme Menschen heimsuchen, und sagt zu euch selbst: »Was soll ich nur tun? Soll ich Geld geben? Was bringt das? Und sie sind so zahlreich!« Und da ihr euch so ohnmächtig fühlt, versucht ihr, an etwas anderes zu denken.

Ich kann euch trotzdem eine Methode aufzeigen. Beginnt damit, euch mit dem Himmel zu verbinden, indem ihr Ihn dabei bittet, euch Seine Liebe und Seine Kraft zu übermitteln. Versucht dann, euch die gesamte Menschheit als ein einziges Wesen vorzustellen, das hier neben euch sitzt, reicht ihm die Hand, während ihr ihm diese von oben kommende Liebe und Kraft weitergebt. In diesem Moment strömen kleine Partikel eurer Seele in alle Richtungen des Raumes hinaus, und das, was ihr für dieses kollektive Wesen getan habt, spiegelt sich auf allen Männern und Frauen in der Welt wider. Diese Ströme, die aus den Lichtregionen gekommen sind, werden beginnen, durch sie hindurchzufließen und ihnen dabei hellere, großzügigere, brüderlichere Gedanken und Gefühle eingeben, von denen alle profitieren. Wenn hunderte, tausende von Menschen sich entscheiden würden, diese Methode anzuwenden, würde ein göttlicher Hauch alle Geschöpfe durchströmen, und es wäre vorbei mit der alten Welt. Eines Tages würden sie alle in einer neuen Welt aufwachen.

Der Herr ist mein Hirte

Juden und Christen rezitieren oder singen den Psalm 23:

> *»Der Herr ist mein Hirte, mir wird nichts mangeln. Er weidet mich auf einer grünen Aue und führt mich zu frischen Wassern.«*

Doch wie viele unter ihnen sind sich dessen bewusst, dass es sich hier um magische Worte handelt? Dieser Hirte ist in uns, und weil er in uns ist, erstreckt sich seine Macht und sein Schutz auf die riesige Herde unserer Zellen, er ernährt sie und gibt ihnen zu trinken. Nichts ist wichtiger, als das Bewusstsein von der Anwesenheit dieses göttlichen Hirten in uns zu entwickeln. Dank dieser Anwesenheit und dem Gedanken an sie ordnet sich alles, alles wird friedlich, geregelt, ausgeglichen und harmonisch. Dann sind die »grünen Auen« und die »frischen Wasser« dieses Gebetes nicht mehr nur Bilder, sondern sie werden zu sinnerfüllten Wirklichkeiten.

– I –

Göttliches Ideal – Ihm seine Energien weihen

Solange ihr euer inneres Wesen nicht einem göttlichen Ideal geweiht habt, könnt ihr euch nicht sicher sein, wofür eure Energien benutzt werden. Wie viele dunkle Geister in der unsichtbaren Welt sind bereit, sie zur Verwirklichung ihrer üblen Absichten zu verwenden, was für euch einen doppelten Verlust bedeuten würde. Zum einen, weil euch etwas sehr Kostbares geraubt wird und zum anderen, weil die Lichtwesen aufhören werden, solch verblendeten Menschen, die es nicht zu schätzen wissen, ihre Hilfe und ihren Segen zu bringen. Die Tatsache, dass diese Personen den böswilligen Wesen erlauben, sich ihrer Energien zu bemächtigen, zeigt ihnen, dass sie sie nicht zu schätzen wissen.

Begreift, dass nichts von dem, was ihr erlebt, ohne Folgen bleibt. Haltet daher während des Tages ab und zu einen Augenblick inne und sagt:

»Oh himmlische Wesen, ich stehe euch zur Verfügung, benutzt meine Fähigkeiten, lasst mich zusammen mit euch an der Arbeit teilhaben, die ihr in der Welt verrichtet.«

– K –

An die Heiligen Drei Könige

Es heißt in den Evangelien, bei der Geburt Jesu seien Magier aus dem Orient gekommen, um sich vor ihm zu verneigen. Diese Magier, denen die Überlieferung die Namen Melchior, Balthasar und Caspar gibt, brachten ihm Gold, Weihrauch und Myrrhe. Das Gold bedeutete, dass Jesus König war: Die goldene Farbe ist die Farbe der Weisheit, deren Glanz über dem Kopf der Eingeweihten wie ein Lichtkranz leuchtet. Der Weihrauch bedeutete, dass er ein Priester war, denn er repräsentiert den Bereich der Religion, das heißt, den Bereich des Herzens, der Liebe. Und die Myrrhe ist ein Symbol der Unsterblichkeit; man bediente sich einst der Myrrhe, um die Körper einzubalsamieren und sie damit vor Fäulnis zu bewahren.

Die Heiligen Drei Könige brachten Geschenke, die einen Bezug zu den drei Bereichen des Denkens, des Gefühls und des physischen Körpers haben. Deshalb kann ihre Ankunft bei Jesus auch als ein Ereignis unseres inneren Lebens interpretiert werden. Denn eines Tages muss das Christuskind in jedem von uns geboren werden. Und es wird dann geboren, wenn wir durch eine Arbeit an unserer niederen Natur fähig geworden sind, Geschenke zu bringen, so wie sie. Ihr könnt also die Heiligen Drei Könige anrufen, indem ihr sie bei ihrem Namen nennt. Bittet sie, euch dabei zu helfen, euren Verstand, euer Herz und euren physischen Körper zu reinigen, um dem Christuskind, das beginnt, in euch geboren zu werden, Gold, Weihrauch und Myrrhe darzubieten.

Angesichts von Krankheit

Jemand sagt: »Sie sehen doch, dass ich krank bin.« Es stimmt, er ist krank, aber, was er nicht weiß, das ist, dass er seine Krankheit verstärkt, indem er sie so betont. Die Art und Weise wie er sie akzeptiert, raubt ihm etwas von seiner Fähigkeit zu reagieren. Obwohl seine Krankheit nur einen Teil seines Körpers betrifft, identifiziert er sich mit ihr und erlaubt ihr durch sein Denken, den ganzen Körper zu besetzen.

Selbst wenn ihr krank seid, bemüht euch daher, den Gedanken der Gesundheit in euch aufrechtzuerhalten. Sagt:

»Herr, mein Körper ist krank, aber ich bin Dein Sohn, Deine Tochter, ein aus Dir hervorgegangener Funke. Ich kann nicht krank oder schwach sein.«

Diese Überzeugung stellt euch über die Krankheit. Ihr identifiziert euch nicht mehr mit eurem Körper, sondern mit eurem Geist, der im Licht und in der Ewigkeit lebt.

– L –

Für alle Länder der Welt gute Wünsche aussprechen

»Herr, bewirke, dass alle Länder der Welt sich so entwickeln, wie Du es für jedes einzelne vorgesehen hast. Mögen sie in Frieden und in Sicherheit leben, mögen ihre Bewohner ein Dach über dem Kopf und genug zu essen haben und mögen sie sich alle als Brüder und Schwestern anerkennen.«

Das Leben

1 – der wichtigste Reichtum, um den wir bitten sollten

Wartet nicht, bis das Leben euch verlässt, um zu verstehen, was ihr auf der Jagd nach vergänglichem Besitz oder Erfolg alles verloren habt. Bittet den Himmel nur um eines, nämlich, dass er euch das Leben schenkt – nicht so sehr ein langes Leben, sondern nur diese Empfindung, dem kosmischen Leben anzugehören, dem Leben des Universums und der Sterne, denn dies ist der wahre Reichtum. Obwohl dieses Leben auch außerhalb von uns existiert, ist es doch in uns. Demjenigen, der das wahre Leben sucht, dem zeigt Gott, wo diejenigen Wesen sind, die es gefunden haben, damit sie ihm helfen und ihn auf ihrem Weg mitnehmen können. Dann wird er auch inmitten der größten Schwierigkeiten spüren, dass das Leben in ihm hilft, diese zu überwinden.

2 – es den himmlischen Mächten weihen

Wenn wir weihende Worte aussprechen, lassen wir in die Materie der Gegenstände und Wesen feinstofflichere Schwingungen einfließen. Deshalb sollten wir auch unser Wesen den himmlischen Mächten weihen. Und mit »unser Leben« meine ich nicht nur unsere Aktivitäten, sondern auch unseren gesamten Körper mit unseren Gliedmaßen und Organen, damit sie zu Aufenthaltsorten und Überträgern von Strömen reiner Energien werden. Jeden Tag sollten wir unser Leben weihen, indem wir sagen:

»Oh, ihr erhabenen Geister, ich glaube nur an euch, denn ihr allein seid treu und wahrhaftig. Ich schenke euch mein Leben, verfügt über mich, lenkt mich, erleuchtet mich, stärkt mich, offenbart euch durch mich.«

Im Leid

Gott ist nicht dazu da, um die Bedürfnisse der Menschen nach Bequemlichkeit, Ruhe und Wohlgefühl zu erfüllen. Er kümmert sich nur um das, was sie spirituell wachsen lässt. Wenn ihr also leidet, bittet nicht: »Herr, befreie mich von diesem Leid«, sondern

»Lehre mich, wie ich das Leid ertragen kann, um den größten Segen daraus zu ziehen.«

Der Sinn des Leidens ist nicht, uns Schmerz zuzufügen, sondern uns zu lehren, wo das wahre Gute ist und uns auf diese Weise stärker, intelligenter und lebendiger werden zu lassen. Egal wie eure Prüfungen auch aussehen, sagt euch, dass mit dem Leid großes Wissen einhergeht.

Das Licht

1 – eine Verbindung zwischen Himmel und Erde

Erbittet das Licht, bemüht euch jeden Tag, es als eine reine, strahlende Essenz in euch aufzunehmen. Auf diese Weise wird es euch gelingen, Verbindungen zur göttlichen Welt herzustellen. Und vergesst nie: Wir haben ein einzig wahrhaftes wirksames Mittel, um mit der göttlichen Welt in Verbindung zu treten. Und wir haben die Fähigkeit, es in uns selbst zu erschaffen, indem wir Lichtfäden zwischen ihr und uns weben. Sind diese Fäden einmal gewebt, treten Himmel und Erde miteinander in Kontakt und beginnen einen Austausch, der uns die Fülle bringt.

Es kommt manchmal vor, dass ihr unglücklich oder niedergeschlagen seid, ihr habt das Gefühl, keiner sehe euch und niemand könne euch retten. In Wirklichkeit ist der Raum bevölkert von Tausenden von Wesenheiten, die über die Menschen wachen. Ruft diese Wesenheiten durch das Aussenden von Licht herbei. Sagt zu ihnen:

> ***»Oh, himmlische Geister, ich liebe euch, ich glaube an euch, ich hoffe auf euch.«***

Es ist so einfach für sie, euch zu bemerken und sich auf euch zuzubewegen, um euch zu helfen! Selbst wenn sie Berge von Arbeit zu erledigen haben, werden sie von den Wellen und Strahlen, die ein inbrünstiges Gebet erzeugt, sofort alarmiert.

Und wenn ihr wirklich, was immer auch geschieht, Hilfe bekommen wollt, dann lasst euch niemals von Auflehnung, Hass oder jedem anderen negativen Gefühl überwältigen, weil ihr sonst in der Dunkelheit bleibt und euch diese Wesen dort nicht sehen. Ihr taucht unter in der Dunkelheit. Sendet ihr ihnen aber Lichtsignale und zeigt ihnen eure Liebe, euren Glauben, eure Hoffnung, dann löst ihr euch aus der Dunkelheit und werdet sofort bemerkt.

2 – die einzige Bitte, die immer erhört wird

In ihrem Streben nach Licht hat die menschliche Seele die Kraft, die Himmel in Bewegung zu setzen. Wenn sie beharrlich fordert und fleht, kann der Herr Selbst, der Licht ist, ihr dies nicht verweigern. Die menschliche Seele ist ebenso mächtig wie Gott, wenn sie das Licht wünscht. Aber nur das Licht, nichts anderes. Alle ihre anderen Gebete können mehr oder weniger wahrgenommen werden, aber wenn sie das Licht erbittet, wird sie erhört. Wann? Das hängt von der Macht ihres Wunsches und von der Hartnäckigkeit ihrer Arbeit ab.

Wendet euch also jeden Tag an das Licht. Sagt zu ihm:

> ***»Oh Licht, da Gott die Welt mit dir erschaffen hat, bist du im Besitz von jahrtausende altem Wissen. Kehre in mich ein, erhelle meinen Weg, öffne meine Augen für die Schönheit des Universums und der Geschöpfe!«***

Liebe

1 – daran denken, sie herbeizurufen

Manchmal seid ihr besorgt, gereizt, unglücklich. Reagiert sofort darauf, wartet nicht, bis ihr von der Reizbarkeit oder dem Kummer überwältigt werdet. Anstatt euch aufzureiben oder überall zu klagen und die anderen zu belästigen, bleibt ruhig sitzen, beginnt mit einer tiefen Atmung und sagt:

»Oh, Mächte der Liebe, kommt mir zu Hilfe.«

Sprecht anschließend ein Wort liebevoll aus, macht eine Geste mit Liebe, sendet einen Gedanken mit Liebe hinaus. Indem ihr die Liebe zu Hilfe ruft, öffnet ihr eine Quelle in euch. Und nun, da sie angefangen hat zu fließen, lasst sie arbeiten, sie wird alles in euch reinigen. Die Liebe ist die größte Macht im Universum, und an dem Tag, an dem die Menschen sich entscheiden, sie in die Tat umzusetzen, werden sie darin das Heil finden.

2 – wie man sie beschützt

Ihr betrachtet das Foto des Mannes oder der Frau, den oder die ihr liebt... Warum diesen Menschen beschmutzen, indem ihr sinnliche Wünsche auf ihn projiziert und darüber nachdenkt, wie ihr ihn verführen könnt, damit er euch gehört? Ihr sollt ihn im Gegenteil dem Herrn, der Göttlichen Mutter anvertrauen, mit den Worten:

»Hier ist Euer Sohn, Eure Tochter, segnet dieses Wesen und inspiriert mich zu den besten Gedanken, damit ich ihm in seiner Entwicklung helfen kann.«

Und wenn ihr eine Beziehung mit diesem Menschen habt und manchmal seinen Kopf, seine Haare streichelt, so denkt daran, anstatt nur das Vergnügen zu suchen, etwas für sein Wohl zu tun und sprecht:

»Gott segne dich. Möge das Licht in diesen Kopf einströmen und mögen die Engel darin Wohnung nehmen.«

Auf diese Weise wird eure Liebe zu einem Gefühl von außerordentlichem Reichtum. Sie wird sich in eine wohltuende Energie verwandeln, die diesem Menschen und ebenso euch selbst zum Wachstum verhilft.

3 – der Reichtum jeder Begegnung

Die wahre Liebe ist eine äußerst feinstoffliche Schwingung, und um diese Schwingung auszusenden, ebenso wie sie zu empfangen, ist viel Aufmerksamkeit nötig, viel Achtsamkeit. An dem Tag, an dem ihr erkennt, was die wahre Liebe ist, nehmt ihr durch jede Begegnung mit dem geliebten Wesen Partikel des ewigen Lebens in euch auf. Ihr sprecht:

»Mein Gott, du hast mir diesen Menschen geschickt, er ist für mich wie die Sonne, die mich während des Winters erwärmt und erhellt, wie eine köstliche, duftende Frucht, die mich nährt, wie Wasser, das meinen Durst stillt, wie die Luft, die mich leicht macht. Danke, oh Herr!«

4 – eine Energie, die dem Himmel geweiht wird

Weil die Menschen Liebe mit Vergnügen gleichsetzen, verwandelt sich ihre Liebe auf Dauer in Gift. Wenn es ihnen einmal bewusst geworden ist, welche Arbeit sie mit ihrer Liebe verwirklichen können, werden sie lernen, wie man sie Gott weiht und sagt:

»Herr, diese Energie, die ich in mir aufwallen spüre, welhe ich zu Deinem Ruhme und dem Kommen Deines Reiches.«

Die meisten Männer und Frauen denken natürlich, ihre Liebe und deren Manifestationen gingen nur sie etwas an, und der Himmel habe darin nichts zu suchen. Aber wenn der Himmel darin nichts zu suchen hat, dann wird die Hölle sich einmischen! Wenn jemand sagt: »Meine Liebe geht nur mich etwas an«, so ist dieses »Ich«, das nur daran denkt, sinnliche Vergnügen zu kosten, bereits im Begriff, in die Hölle zu stürzen. Warum denken die Liebenden nicht daran, den Himmel einzuladen? Man könnte meinen, sie schämten sich und versuchten, sich vor Ihm zu verbergen. Aber vor der Hölle schämen sie sich nicht; deshalb sollten sie sich nicht beklagen, wenn ihre Liebe sie manchmal ins Feuer der Hölle taucht.

An die Liebe, Weisheit und Wahrheit

***»Möge die Liebe unsere Seelen erfüllen,
möge die Weisheit unsere Vernunft erhellen,
möge die Wahrheit unsere Willenskräfte befreien,
auf dass es uns eines Tages gelingt, aus der Erde
das Spiegelbild des Himmels zu machen.«***

Das Lied: ein Gebet

Wie viele spirituell und mystisch inspirierte Lieder sind in Wirklichkeit Gebete! Indem wir diese Lieder singen, erschaffen wir um uns herum eine ganze Welt aus Formen und Farben. Und da wir beim Singen selbst das Instrument sind, erschaffen wir diese Formen und Farben, die wir außerhalb von uns erschaffen, auch in uns, und sie ziehen lichtvolle Wesen an, sie ziehen die Engel heran, für die sie eine Nahrung darstellen.

Indem wir singen, öffnen wir eine Pforte zum Himmel, durch die die himmlischen Wesen eintreten. Und ihr Kommen bringt auch positive Veränderungen in der Welt mit sich.

An den Engel der Luft

Manchmal sagt ihr zu euch: »Ich gehe ein wenig frische Luft schnappen.« Luft schnappen… Natürlich wird es euch gut tun, ein wenig draußen herumzuspazieren, aber woran denkt ihr während dieser Zeit? Wenn ihr in der Natur, ob auf dem Land, im Wald, in den Bergen oder am Meer wandert, so werdet euch zuerst des euch umgebenden Raumes bewusst, haltet dann ab und zu an und atmet tief, um mit dem Engel der Luft, der ein lebendiges, intelligentes Wesen ist, in Kontakt zu treten. Sagt zu ihm:

»Oh geliebter Engel der Luft, der du ein schöner, mächtiger Diener Gottes bist, durchströme mich mit deinem Atem, trage die Unreinheiten meiner Lungen, meines Herzens, meines Gehirns fort und lasse Harmonie mich erfüllen, auf dass ich, so wie du, ein Diener werde.«

Der Engel der Luft ist überall gegenwärtig, er lenkt alle im Universum zirkulierenden Strömungen. Er schlüpft in jeden Zwischenraum, er ist sehr empfindsam, daher hört er euch. Also gibt er den Geistern, die ihn begleiten, den Befehl, euch einige Wellen dieses sehr subtilen Fluidums zu schicken, das man Äther nennt. Daraufhin fühlt ihr euch, als würde sich euer ganzes Wesen ausdehnen und euch in den Raum erheben.

> ***»Oh Engel der Luft, besuche mich. Erwecke mein Bewusstsein. Nimm meine Freundschaft an, denn ich möchte die Freude der Diener Gottes kennenlernen. Durchdringe mich mit deinem Atem, entfache in mir die Flamme des heiligen Feuers.«***

Und wenn der Wind weht und dabei die Wolken und die Unreinheiten der Atmosphäre vertreibt, bittet den Engel der Luft, eure schlechten Gedanken und Gefühle hinwegzutragen.

– M –

Die Mahlzeiten: wie man das göttliche Leben empfängt

Indem wir unsere Mahlzeiten mit einem Gebet beginnen, offenbaren wir unsere Dankbarkeit für den Herrn, der uns die Nahrung geschenkt hat. Aber dieses Gebet hat noch andere Gründe.

So wie die Nahrungsmittel in unsere Küche oder auf unseren Tisch kommen, sind sie noch nicht wirklich bereit, von unserem Organismus aufgenommen zu werden. Sie waren an allen möglichen Orten, wurden bearbeitet, verpackt und transportiert… Selbst wenn sie also gewaschen, gekocht, gewürzt und zubereitet sind, sind sie für uns gleichsam noch ein Fremdkörper. Sie schwingen nicht mit uns in Einklang, und wir müssen sie zugänglich machen und uns mit ihnen anfreunden.

In allen Religionen gibt es Gebete, die vor den Mahlzeiten gesprochen werden. Diese Gebete, die gleichzeitig Segnungsrituale sind, fügen den Nahrungsmitteln keinerlei Nährstoffe hinzu; aber auf den feinstofflichen Ebenen beeinflussen sie die Nahrung, damit diese von denen, die sie essen, gut aufgenommen wird. Auf diese Weise gelangt sie in Harmonie mit deren Eigenschwingungen, sie ernährt ihren physischen Körper, ihren Äther-, Astral- und Mentalkörper mit dem göttlichen Leben, denn Gott hat Sein Leben in die Nahrungsmittel gelegt.

Doch die Gewohnheit, vor den Mahlzeiten zu beten, beruht ebenso auf Kenntnissen über die Existenz von Wesenheiten, die die unsichtbare Welt bevölkern. Es gibt tatsächlich auf der Astralebene unzählige Kreaturen, die ebenfalls Hunger und Durst haben und versuchen, sich in die Menschen einzuschleichen, um sich zu ernähren und sich ihrer zu bedienen. Man muss sich dessen bewusst sein, dass die Ernährung eine Funktion ist, die beim Menschen noch sehr nahe am tierischen Instinkt liegt, und wenn er nicht wachsam bleibt, so lässt er gleichzeitig mit der Nahrung auch Wesen der Astralwelt in sich hinein, die eine Affinität zu seinen instinktiven Neigungen haben. Indem wir vor dem Essen ein Gebet oder eine Formel sprechen, bitten wir den Herrn und Seine Engel, mit uns zu essen. Sobald wir für sie die Tür geöffnet haben, ist diese für alle Unerwünschten der Astralebene verschlossen.

Seid ihr euch während des Essens bewusst, dass eure Beschäftigungen während der Mahlzeit meist überhaupt keinen Bezug zu dieser wichtigen Tätigkeit des Essens haben?

Versucht also, darauf zu achten, dass ihr einen liebevollen Blick, ein Gefühl der Dankbarkeit für das, was ihr auf euren Teller legt, habt. Sagt wenigstens:

»Danke, Herr, dass ich Dich kosten kann durch diese Nahrungsmittel, die Träger Deines Lebens sind.«

Und vergesst auch nicht, am Ende der Mahlzeit, zu danken.

Jahrelang haben wir vor und nach den Mahlzeiten folgende Formel gesagt: »*Boschjata Ljubov nossi pälnia schivot*«, was bedeutet: *Die göttliche Liebe bringt die Fülle des Lebens.*« Dies ist eine wahre und wunderbare Formel, aber die Fülle des Lebens ist ein Bewusstseinszustand, den die Menschen sehr schwer erreichen, und die meisten erreichen ihn nie. Bevor sie die Fülle des Lebens erreichen, müssen sie damit beginnen, ihre Probleme zu lösen, die sich ihnen jeden Tag stellen. Und man wird die Lösungen für seine Probleme immer dank der göttlichen Liebe finden. Also habe ich eine Veränderung an der Formel vorgenommen, und wir sprechen von nun an:

»Boschjata Ljubov rasreschawa vsitschkite problemi«, was bedeutet: »Gottes Liebe löst alle Probleme«.

Ihr wisst, wie viele Leute einen Teil ihres Lebens in Sitzungen verbringen, in denen sie endlos über die gleichen Projekte diskutieren. Wären sie in der Lage, Verständnis und Liebe füreinander aufzubringen, würden sie sich schnell einigen. Aber sie kommen ohne Liebe, sie kritisieren und widersprechen einander nur und sind gegensätzlicher Meinung. Wenn man wirklich von der Liebe inspiriert ist, genügen manchmal fünf Minuten, um ein Problem zu lösen; aber ohne Liebe kommt man zu nichts, auch nicht nach jahrelangen Diskussionen. Ruft also den Herrn, bittet Ihn, euch mit Seiner Liebe zu erfüllen, dann werden viele eurer Probleme schnell gelöst sein. Denkt daran, wenn ihr vor und nach den Mahlzeiten die Formel sprecht.

An Melchisedek

»Oh Melchisedek, König der Gerechtigkeit und des Friedens, Priester des Allerhöchsten, von Euch hat Abraham Brot und Wein bekommen; und Jesus wollte seine Zugehörigkeit zu Eurem Orden unterstreichen, als auch er selbst, beim Abendmahl, Brot und Wein mit seinen Jüngern teilte. Da die wahre spirituelle Wissenschaft durch Euch über die Zeitalter hinweg aufrechterhalten wird, bitte ich Euch, mich zu unterrichten und mir Euer Licht zu schenken.«

Gebete für die gesamte Menschheit

Sogar an dem bescheidenen Platz, an dem ihr euch befindet, könnt ihr etwas zum Wohl der gesamten Menschheit beitragen. Stellt euch vor, wie sie in der Zukunft nur mehr eine einzige große Familie bilden wird, deren Mitglieder einander verstehen und zusammenarbeiten. Es gibt so viele Dinge, die man für das Glück der Menschen wünschen kann: dass sie alle die Möglichkeit haben, am Morgen die aufgehende Sonne zu betrachten, dass sie sich treffen, um zu tanzen und dem Schöpfer im Chor Hymnen der Freude und der Dankbarkeit zu singen!

Versucht, euch vorzustellen, wie das Leben der himmlischen Geschöpfe, der Engel und Erzengel aussieht… Denkt an das Licht, an die Liebe, an die Reinheit, in denen sie leben, und betet dafür, dass die Menschen eines Tages dieses Leben kennenlernen. Man weiß nicht, wann sich das verwirklichen wird, aber durch eure Gebete erbaut ihr Brücken, ihr schafft Verbindungswege, durch die der Reichtum und die Schönheit der höheren Welt wirklich eines Tages auf die Erde herabkommen können.

An Erzengel Michael

»Im Namen der göttlichen Liebe, die unveränderlich und ewig ist, im Namen der göttlichen Weisheit, die unveränderlich und ewig ist, im Namen des göttlichen Wortes, möge Erzengel Michael, der den Drachen besiegt hat, uns seine Unterstützung bringen. Möge er uns helfen, das Böse zu besiegen, in uns und in der Welt.«

Zunehmender und abnehmender Mond

Am Himmel nimmt der Mond zu und ab. Vierzehn Tage lang nimmt er zu, und vierzehn Tage lang nimmt er ab. In diesen beiden Phasen ist der Einfluss, den er auf die Erde und auf die Menschen ausübt, nicht derselbe. Werdet euch dessen bewusst und behaltet im Gedächtnis, dass sowohl die eine, als auch die andere Mondphase für eine psychische Arbeit günstig sind. Bei abnehmendem Mond könnt ihr euch beispielsweise auf einen Fehler oder eine Schwäche konzentrieren, die ihr loswerden möchtet. Ihr sagt:

»So wie der Mond am Himmel abnimmt, so möge auf die gleiche Weise diese oder jene Schwäche in mir abnehmen und verschwinden.«

Umgekehrt könnt ihr euch während der Phase des zunehmenden Mondes auf die guten Eigenschaften konzentrieren, die ihr entweder stärken oder erwerben möchtet. Am Abend beim Zubettgehen sagt ihr:

»Herr, so wie der Mond zunimmt, so möge die Liebe in meinem Herzen und das Licht in meinem Verstand zunehmen, und so möge mein Wille an Kraft und mein physischer Körper an Stärke zunehmen. Amen, so sei es!«

Am Morgen

1 – Gebet beim Erwachen

»Mein Gott, mache, dass alle Wesen und Dinge mir so erscheinen, wie Du sie erschaffen hast. Erleuchte meinen Weg. Erfülle mein Herz mit Liebe, gib mir die Kraft, Deinen Willen auszuführen, damit alles, was ich heute unternehme, dem Guten diene.«

2 – um den neuen Tag in Harmonie zu leben

Jeden Morgen, noch bevor ihr an die unterschiedlichen Aufgaben denkt, die auf euch warten, dankt zuerst und sprecht:

> ***»Herr, unser Gott, ich danke Dir für diesen neuen Tag, den Du mir schenkst.«***

Denkt anschließend daran, euch mit den himmlischen Wesenheiten, die so schön, so rein und so voller Liebe sind, in Einklang zu bringen. Sagt ihnen, dass ihr in ihre Harmonie eintreten wollt. Dann wird etwas in euch geschehen: Euer Herz, euer Verstand, eure Seele und euer Geist werden mit der göttlichen Welt in Einklang schwingen, und euer ganzes Wesen wird zu einem gut gestimmten Instrument. So viele Begegnungen und Ereignisse im Leben können euch verunsichern, euch euren Frieden rauben! Deshalb ist es wichtig, den Tag damit zu beginnen, dass ihr euch mit der göttlichen Welt harmonisiert.

Wenn ihr dann euer Fenster öffnet, denkt daran, wieder mit der ganzen Schöpfung Kontakt aufzunehmen. Begrüßt die Geister der vier Elemente und alle sichtbaren und unsichtbaren Geschöpfe. Von überall her wird ein Echo zu euch zurückkommen: »Guten Morgen, guten Morgen!« Sendet ihnen einen Gruß mit der Hand. Dank dieser einfachen Geste des Grußes werdet ihr euch während des gesamten Tages in der Poesie und im Licht fühlen. Weil ihr eure Liebe ausgesendet habt, kommt die Liebe aus allen Regionen des Raumes zu euch zurück. Und selbst wenn ihr alleine seid, werdet ihr euch niemals einsam fühlen.

3 – Segnungen aussprechen

Segnet jeden Morgen den anbrechenden Tag. Ihr habt damit alle Möglichkeiten, eurem Leben eine noch bessere Ausrichtung zu verleihen. Warum sollte die Vergangenheit mit ihren Fehlern sich unendlich wiederholen? Denkt an die Fähigkeiten, die ihr besitzt und die ihr einsetzen könnt, um das Programm eines Sohnes oder einer Tochter Gottes zu verwirklichen.

Segnet auch die Schwierigkeiten, denen ihr während dieses Tages begegnen werdet! Indem der Himmel euch vor neue Probleme stellt, die es zu lösen gilt, zeigt er euch, dass er euch für fähig hält, auf intelligente und wirksame Weise zu arbeiten.

Und segnet euer Leben, sobald der Tag anbricht, selbst wenn eure Kräfte ein bisschen nachlassen. Das ist dann der Augenblick, eure inneren Augen für eine andere Welt zu öffnen. Denkt nicht, dass ihr sterben werdet, sondern dass ihr bald andernorts geboren werdet, dass ihr nach dem Durchgang durch eine enge Pforte in die Unendlichkeit eintreten werdet.

Wenn es euch gelingt, ein richtiges Verständnis von jeder Etappe eures Lebens zu gewinnen, werdet ihr immer in Licht und Freude vorwärtsschreiten.

Wenn euch Müdigkeit überkommt

Im Laufe eines Tages kann es vorkommen, dass ihr eine Art Überdruss empfindet und das Bedürfnis habt, in eurer Wachsamkeit und euren Anstrengungen ein wenig nachzulassen. Das ist ganz natürlich, aber in diesem Moment habt ihr weniger die Möglichkeit, euch gegen die negativen Strömungen zu verteidigen, die die Atmosphäre durchqueren und Störungen in der menschlichen Psyche erzeugen. Formuliert also sogleich die folgende Bitte:

»Herr, in diesem Augenblick bin ich ein wenig müde und weiß nicht, womit ich Dir dienen kann, aber ich stehe zu Deiner Verfügung.«

Dann haben kein finsterer Einfluss und keine feindselige Wesenheit das Recht, bei euch einzudringen, um euch zu benutzen. Ein guter Herr schützt seine Diener, wenn sie ihn darum bitten, und dies umso mehr, wenn dieser Herr Gott Selbst ist.

An die Engel der Musik

Ihr habt sicher schon die Erfahrung gemacht, dass es Musik gibt, die euch reinigt, aufhellt, stärkt, und es euch ermöglicht, die Elemente eures inneren Wesens zu vereinen. Wenn ihr also merkt, dass sich Unordnung und Disharmonie in euch ausbreiten, dann sucht eines dieser Musikstücke aus. Beim Anhören könnt ihr euch mit den Wesenheiten verbinden, welche die kabbalistische Tradition »Ophanim« und die christliche Tradition Cherubin nennt. Die »Ophanim« werden auf symbolische Weise singend oder musizierend dargestellt. Sie spielen zum Beispiel Flöten, Harfen und Trompeten. Ihre melodischen Chorgesänge erfüllen den Raum. Eine spirituell, mystisch inspirierte Musik zu hören, ist eines der besten Mittel, um den Zuständen innerer Unordnung und Aufregung zu entgehen. Während ihr sie hört, bittet die »Ophanim«, dass sie euch in ihrer Harmonie aufnehmen.

Die Mutter muss auch bei Gott Nahrung für ihr Kind suchen

Vom Morgen bis zum Abend, und sogar während der Nacht, verlangt das neugeborene Kind die ganze Aufmerksamkeit und Pflege seiner Mutter. Aber bevor sie sich um ihr Kind kümmert, sollte die Mutter in Gedanken zu Gott aufsteigen, um mit den reinsten und harmonischsten Strömen des Lebens in Kontakt zu treten. Die wahre Mutterliebe beschränkt sich nicht darauf, für das leibliche Wohl des Kindes zu sorgen, es zu stillen, anzuziehen, zu waschen, zu betten… Die Mutter muss in alles, was sie für es tut, spirituelle Elemente hineinlegen. Wenn sie sich darauf beschränkt, für ihr Kind gewöhnliche Sorge zu tragen, so macht sie aus ihm ein gewöhnliches Wesen, weil sie ihm nicht auch etwas von der göttlichen Anwesenheit gebracht hat. Um ihr Kind im vollen Sinne des Wortes zu nähren und zu erziehen, muss sie sich an Gott wenden und sagen:

»Herr, ich komme zu Dir, damit Du mir für mein Kind nicht nur Gesundheit schenkst, sondern auch Licht, Liebe und die Schönheit des Himmels.«

Auf diese Weise wird sie bei ihrem Kind reine und lichtvolle Teilchen ausstrahlen können, deren wohltuende Wirkung es sein ganzes Leben lang spüren wird.

– N –

Die Nahrung, die wir den himmlischen Wesen anbieten

Jeden Tag essen wir, aber die Wahrheit ist, dass auch wir gegessen werden. Wir dienen den Wesenheiten der unsichtbaren Welt als Nahrung. Oder genauer gesagt: Unsere guten Gedanken, unsere guten Gefühle, alles in uns, was von der Weisheit und der Liebe inspiriert ist, ist eine Nahrung, die wir den himmlischen Wesenheiten anbieten. Die Engel betrachten uns als Bäume, die Früchte produzieren. Wenn sie kommen, um sie zu pflücken, dann achten sie nicht nur darauf, keine Zweige abzubrechen, sondern sie gießen und pflegen uns, damit wir noch köstlichere Früchte tragen.

Die dunklen Wesenheiten, die sich auch ernähren müssen, versorgen sich bei jenen Menschen, deren üble Absichten und schlechte Gefühle für sie köstliche Speisen darstellen. Sie nehmen ihnen alle ihre Energien weg und lassen sie erschöpft zurück. Nichts ist schlimmer, als von den dunklen Geistern verschlungen zu werden, und nichts ist wünschenswerter, als den himmlischen Wesen als Nahrung zu dienen! Deshalb lehren uns die Eingeweihten, dass wir uns täglich dem Herrn anbieten und Ihn darum bitten sollen, dass Er sich von uns ernährt. Mithilfe dieses Bildes enthüllen sie uns, dass das spirituelle Ideal des Menschen darin besteht, vom Herrn aufgenommen zu werden, um in Ihm unsere Wohnstätte zu haben.

Der Name und seine Wirkungen

Die Anrufungen Gottes oder der Götter nehmen in allen Religionen einen so großen Platz ein, weil das mächtigste Mittel, um mit einer Wesenheit in Kontakt zu treten, das Aussprechen ihres Namens ist. Dank der Schwingungen dieses Namens, wenn wir ihn mit dem Bewusstsein aussprechen, dass wir uns an eine Gottheit wenden, werden wir bis zu ihr gelangen, wir berühren sie. Auf diese Weise können wir ihren Schutz auf uns lenken. Und es gibt Fälle, in denen uns das Aussprechen eines Namens retten kann, sofern es der Name eines Wesens ist, dessen einziger Wunsch darin besteht, den Menschen zu helfen.

1 – der Name Gottes

»Geheiligt werde Dein Name« bittet Jesus am Anfang des »*Vaterunsers*«. Mehrmals täglich könnt ihr folgende Worte wiederholen:

> ***»Herr, Dein Name sei gepriesen und geheiligt, von Ewigkeit zu Ewigkeit.«***

Ich spreche sie schon seit Langem, und immer in bulgarischer Sprache:

> ***»Da bäde blagosloveno i sveto Imeto Ti, v'veka, Gospodi«***

2 – das Tetragramaton

Die Bibel, wie auch die Kabbala, geben Gott mehrere Namen, und jeder repräsentiert eines Seiner Attribute, eine Seiner Offenbarungsformen. Von diesen Namen hat einer einen besonderen Platz inne, es ist das Tetragramaton: Jod He Vau He. Dieser Name wird geschrieben, aber nicht gesprochen. Wenn sie ihn in einem Text lesen müssen, sagen die Juden »Adonai« (der Herr). Doch man kann auch jeden seiner Buchstaben einzeln aussprechen, da jeder ein Wirkprinzip im Universum darstellt.

3 – das Gebet Salomons

Anmerkung des Herausgebers: Eines Tages sprach Omraam Mikhaël Aïvanhov während eines Vortrages das folgende Gebet, gab zuvor aber folgende Empfehlungen:

»Dieses Gebet, das man Gebet des Salomon nennt, ist sehr mächtig aufgrund all der göttlichen Namen, die darin angerufen werden, und man darf es nicht aussprechen, ohne Vorkehrungen zu treffen. Um sich gefahrlos an die Sephiroth und an die Engelshierarchien zu wenden und die Namen Gottes laut auszusprechen, muss man zuerst eine große Arbeit an sich selbst ausgeführt haben. Um schon allein diese Namen zu hören, diese heiligsten Namen der Kabbala, muss man sich in einem Zustand großen Respekts und großer innerer Sammlung befinden. Dies bitte ich euch zu tun.

»Mächte des Königreichs, seid unter meinem linken Fuß und in meiner rechten Hand!
Herrlichkeit und Ewigkeit, berührt meine beiden Schultern und führt mich auf den Bahnen des Sieges!
Barmherzigkeit und Gerechtigkeit, seid das Gleichgewicht und der Glanz meines Lebens!

Intelligenz und Weisheit, gebt mir die Krone!
Geister von Malkuth, führt mich zwischen die beiden Säulen, auf die sich das ganze Gebäude des Tempels stützt!
Engel von Netzach und Hod, festigt mich auf dem Würfelstein von Jesod!
Oh, Gedulael! Oh, Geburiel! Oh, Tiphereth! Binahel, sei meine Liebe!
Ruach Chokmahel, sei mein Licht!
Sei was du bist und was du sein wirst, oh, Ketheriel!
Ischim, steht mir bei im Namen von Schaddai!
Cherubim, seid meine Kraft im Namen von Adonai!
Bnei-Elohim, seid meine Brüder im Namen des Sohnes und durch die Tugenden von Zebaoth!
Elohim, kämpft für mich im Namen von Tetragramaton!
Malachim, beschützt mich im Namen von Jahve!
Seraphim, läutert meine Liebe im Namen von Eloha!
Chaschmalim, erleuchtet mich durch die Herrlichkeit von Elohim und Schekinah!
Aralim, handelt!
Ophanim, dreht euch und erstrahlt!
Chajoth ha-Kadosch, rufet, sprechet, brüllet, toset!
Kadosch, Kadosch, Kadosch, Schaddai, Adonai!
Jod He Vau He!
Ehjeh Ascher Ehjeh!
Halleluja, Halleluja, Halleluja!
Amen.«

Damit diese hohen Wesen auf euren Ruf antworten und euch ihre Hilfe und ihr Licht bringen können, müsst ihr ihnen wenigstens in euch selbst günstige Bedingungen, in Form von Frieden und Reinheit, schaffen. Es genügt nicht, ihren Namen auszusprechen und auch nicht, den günstigsten Moment für ihre Anrufung zu kennen. Um ihren Segen anzuziehen, muss man sich weihen, sich in den Dienst der Gottheit stellen.

Heute habe ich diese göttlichen Namen ausgesprochen, sie sind in den Raum hinausgegangen, die ruhmreichen Hierarchien haben gehört, dass ich sie angerufen habe, und ich bitte sie um ihren Segen für euch.«

4 – der Name Omraam

Anmerkung des Herausgebers: Bei seiner Rückkehr aus Indien, im Februar 1961, hatte Omraam Mikhaël Aïvanhov davon gesprochen, dass ihm – von *»einem Wesen, das größer ist als Babadji«* – ein neuer Name gegeben worden war.

»Dieser neue Name ist Omraam. Von nun an heiße ich Omraam Mikhaël. ›Om‹ ist ein Klang, der das Schädliche, Dunkle auflöst, er entspricht dem ›solve‹ der Alchimisten; er schickt alle Dinge zur Quelle zurück, indem er sie in Licht verwandelt. Im Gegensatz dazu hat ›Raam‹ durch seine Schwingungen die Macht zu kondensieren, das, was feinstofflich ist, greifbar zu machen; es ist das ›coagula‹ der Alchimisten. So finden sich in meinem Namen die beiden alchimistischen Prozesse, solve und coagula, vereint.

Diese beiden Silben meines neuen Namens wirken auf die beiden oberen Chakras, Ajna und Sahasrara. Indem ihr sie aussprecht, löst ihr auf, was euch begrenzt, schwer macht, und ihr kondensiert das, was ihr an Gutem, an Lichtvollem wünscht. Es ist ein magischer Name, den ihr niemals dazu benützen dürft, um euren egoistischen Interessen zu dienen oder um irgendjemandem zu schaden, weil ihr dann nichts bekommen werdet und sogar Gefahr lauft, streng zur Ordnung gerufen zu werden. Die Namen wirken in geheimnisvoller Weise auf die Wesen. Es ist eine ganze Wissenschaft, die der Wissenschaft der Zahlen nahe steht, denn Name und Zahl stellen eine gemeinsame Realität dar.

Dieser Name ist wie ein Talisman, den ich euch gebe, damit ihr in eurer Arbeit Hilfe und Inspiration erhaltet. Bisher habt ihr mich gerufen, wenn ihr Aufklärung und Unterstützung brauchtet, aber ich bin begrenzt. In Zukunft, werdet ihr euch, wenn ihr meinen Namen aussprecht, an ein anderes »Ich« wenden, das reich, stark und unerschöpflich ist. Der Himmel hat mir diesen Namen, Omraam, gegeben, um mir zu helfen, und ihr und ich werden Hilfe erhalten. Es liegt jetzt an euch, zu lernen, euch seiner zu bedienen.«

In dem Buch *»Enfin, nous apercevons une lumière«**, das eine Sammlung von Zeitzeugnissen enthält, finden wir folgenden Bericht: *»Eine der Schwestern unserer Bruderschaft, die eines Abends von Izgrev zurückkam, wo sie einem Vortrag des Meisters beigewohnt hatte, wurde auf der Straße angegriffen. Sie war von dem eben Gehörten und von der Atmosphäre der Versammlung noch so durchdrungen, dass sie nicht darauf geachtet hatte, wie eine Person sie verfolgte. Mit einem Mal wurde sie zu Boden geworfen, ein Mann hatte sich auf sie gestürzt, um sie zu bestehlen, zu vergewaltigen oder zu erwürgen (wir werden es nie erfahren), worauf sie mit voller Kraft »Omraam Mikhaël!« schrie. Der Mann, als wäre er von einer unbekannten Kraft erfasst worden, ließ sie sogleich los und rannte davon… Und unsere Schwester stand unversehrt, erstaunt und verwundert auf.«*

Um die niedere Natur zu beherrschen

Es ist schwierig, sich zu bessern, und manchmal findet ihr, dass es euch trotz eurer Anstrengungen nicht gelingt, die Manifestationen eurer niederen Natur zu beherrschen. Aber wie oft sagte ich euch schon: Die niedere Natur ist in jedem Menschen eigensinnig und hartgesotten, aber sie ist ein Teil von ihm und es ist unmöglich, sie zu ändern, es kann einem nur gelingen, sie zu neutralisieren. Um euch dabei zu helfen, ruft die himmlischen Wesenheiten herbei. Sagt zu ihnen:

* Noch nicht ins Deutsche übersetzt.

»Lehrt mich, lenkt mich, übernehmt die Führung in meinem Leben, damit es mir gelingt, die Pläne meines himmlischen Vaters zu erfüllen. Selbst wenn es ohne mein Zutun geschieht, möchte ich ein Werkzeug Seines Willens werden.« Sprecht jeden Tag aufrichtig dieses Gebet. Eure schlechten Neigungen werden nicht verschwinden, weil sie Teil eurer Natur sind, aber dank eurer himmlischen Verbündeten werdet ihr sie immer besser beherrschen.

An der Schwelle des neuen Jahres

Ein Jahr geht vorbei und ein anderes wird beginnen. Es ist die Zeit, in der alle Leute gute Wünsche für sich selbst, ihre Familie, ihre Freunde und für die ganze Welt formulieren. Aber bevor ihr an das neue Jahr denkt, beschäftigt euch einen Augenblick mit dem scheidenden Jahr und wendet euch an dieses. Ja, die Kabbala sagt, dass ein Jahr ein lebendiges Wesen ist, was bedeutet, dass ihr zu ihm sprechen könnt. Bittet es, sich an euch zu erinnern. Da es lebendig ist, wird es nicht tatenlos bleiben, es hat nicht nur eure Taten aufgezeichnet, sondern auch eure Wünsche, Gefühle und Gedanken. Am letzten Tag liefert es bei den Herren des Schicksals seinen Bericht ab und verbindet euch mit dem neuen Jahr. Denkt daran, es zu grüßen, bevor ihr es verlasst.

Wenn ihr wollt, dass das neue Jahr für euch wirklich neu wird und euch Geschenke wie Freude, Frieden und Liebe bringt, so bereitet bestimmte Orte in euch vor, um es dort zu empfangen. Führt Kontrollen in eurem Kopf und in eurem Herzen durch, um alle möglichen, alten Dinge zu verjagen, die sich dort angesammelt haben. Ja, das Ende des Jahres muss ein Augenblick großer Reinigung sein. Erwählt also Räume in euch, um das neue Jahr in

Reinheit und Licht zu empfangen. Bittet die himmlischen Wesenheiten, euch bei dieser Arbeit der Klärung und Reinigung zu helfen. Wenn ihr es wirklich ernst nehmt, werdet ihr eines Tages einem Diamanten ähnlich werden – transparent, widerstandsfähig und kostbar wie er.

Am ersten Tag des neuen Jahres bete ich, um alle Segnungen des Himmels auf euch herabzurufen.

> ***»Möge euer Körper gesund und widerstandsfähig sein; möge euer Herz sich mit reiner spiritueller Freude füllen; möge euer Verstand das wahre Licht empfangen, um euren Weg zu erhellen; möge eure Seele zur Leiterin göttlicher Liebe werden; und möge euer Geist, von allen Fesseln befreit, allen physischen und psychischen Gefängnissen entkommen.***
> ***Ich wünsche, dass ihr mit der großen Hierarchie der himmlischen Wesen verbunden bleibt, um mit ihnen an der Errichtung des Reiches Gottes auf der Erde zu arbeiten.***
> ***Und schließlich wünsche ich, dass ihr fähig seid, jedes sich vor euch aufbauende Hindernis zu überwinden, damit jeder Tag eine Gelegenheit wird, den Herrn zu lobpreisen.«***

– O –

Für eine neue Orientierung

»Ich will mein Leben leben.« Mit diesen Worten verkünden junge Menschen im Allgemeinen ihre Unabhängigkeit. Sie wollen ihr Leben leben, ja, aber welches Leben? Ein instinktives, tierisches Leben oder ein göttliches Leben? Wie viele von denen, die nur daran denken, »ihr Leben zu leben«, riskieren damit ganz einfach, dass sie es verlieren! Der Schüler einer Einweihungsschule versteht, dass er sein Leben dem Herrn weihen muss, wenn er es retten möchte. Er sagt:

> ***»Herr, mir wird allmählich klar, dass ich ohne Dich, ohne Dein Licht, ohne Deine Weisheit, nichts kann und nichts bin. Ich weihe Dir mein Leben, um endlich etwas Nützliches zu tun, nicht nur für mich, sondern für die ganze Welt.«***

In dem Moment halten die himmlischen Wesen Rat und verfügen, dass das Schicksal dieses Menschen eine neue Richtung erhalten wird. Diese Verfügung wird in allen Regionen des Raumes verkündet, und die Engel sowie alle Diener des Himmels richten sich augenblicklich danach.

– P –

Angesichts von Prüfungen und Schwierigkeiten

1 – die Verbindung mit der Quelle des Lebens aufrechterhalten

»Warum schützt Er mich nicht? Warum lässt Er zu, dass das Böse und die Bösen triumphieren?« Wie oft kommt es vor, dass ihr euch so gegen den Herrn auflehnt und euch dabei in eurem Bewusstsein von Ihm abtrennt. Aber diese Auflehnung führt zu nichts, sie berührt Ihn nicht. Ihr seid diejenigen, die dabei etwas sehr Kostbares verlieren. Es bleibt euch jetzt also nichts anderes übrig, als zu Ihm zurückzukehren und zu sagen:

»Herr, durch meine Auflehnung habe ich mich von Dir entfernt und bin nun doppelt unglücklich, verzeih mir.«

Versteht, dass ihr durch die Entfernung von Gott zu eurem seelischen oder körperlichen Leid auch noch geistiges Elend hinzufügt, denn ihr durchschneidet die Verbindung mit der Quelle des Lebens, des Lichtes, der Liebe und ihr enthaltet euch das vor, was euch nährt und inspiriert. Vergesst nie, dass diese Quelle auch in euch selbst fließt und dass sie es ist, die euer Leben aufrechterhält.

2 – danken

Inmitten von Prüfungen zu danken, ist die beste Art und Weise, sie zu überwinden und sogar, sie zu verwandeln. Wenn ihr zu schreien und zu klagen anfangt, werdet ihr sie nur noch schwerer auf euch lasten fühlen. Aber wenn ihr sagt:

> ***»Danke Herr, es gibt gewiss einen Grund dafür, dass mir dies passiert, ich habe noch viele Dinge zu lernen, zu verstehen, und diese Ereignisse werden dazu dienen, mich zu bessern und zu stärken.«***

Mit einem Mal werdet ihr spüren, wie sich etwas in euch aufhellt. Es ist, als hättet ihr eure Schwierigkeiten mit einem feinen Film aus reinem Gold überzogen, und jetzt erscheinen sie euch in einem anderen Licht.

Keine einzige innere Verletzung kann dem Gefühl der Dankbarkeit widerstehen. Dankt also so lange, bis ihr spürt, dass alles, was euch geschieht, zu eurem Wohl da ist. Sprecht:

> ***»Danke, danke Herr…«***

Dankt nicht nur für das, was euch erfreut, sondern auch für das, worunter ihr leidet. Auf diese Weise werdet ihr die Flamme des Lebens in euch aufrechterhalten.

3 – mit der Arbeit fortfahren

Ihr habt beschlossen, auf dem Weg des Lichtes vorwärtszuschreiten. Glaubt nicht, dies würde euch vor Unglücken und Unfällen schützen. Ihr hattet Recht, diese Entscheidung zu treffen, aber sie wird euch nicht vor allen Prüfungen bewahren. Wenn ihr also Prüfungen durchlauft, müsst ihr sie akzeptieren und sagen:

»Herr, mein Gott, dies wird mich nicht von der rechten Arbeit abhalten, die ich unternommen habe. Ich weiß, dass ich mich befreie, wenn ich diese Prüfungen akzeptiere. Ich lehne mich also nicht auf, ich bitte nicht einmal darum, dass sie mir erspart bleiben, sondern nur, mit der Arbeit fortfahren zu können.«

– R –

Für das Kommen des Reiches Gottes

»Durch die unbegrenzte Allmacht von Gottes großem Namen, Jod He Vau He, und durch die Allmacht der Göttlichen Mutter und des magischen Wortes: Mögen alle Feinde* der Großen Universellen Weißen Bruderschaft, die oben ist, sich entfernen und für immer verschwinden, damit sich das Reich Gottes und seine Gerechtigkeit auf der Erde und das Goldene Zeitalter unter den Menschen so bald wie möglich verwirklichen.
Amen,
so sei es,
zum Ruhme Gottes,
zum Ruhme Gottes,
zum Ruhme Gottes.«

3 x zu sprechen

* Wenn wir die Feinde der Großen Universellen Bruderschaft erwähnen, denken wir dabei nicht an Menschen, sondern an die böswilligen Geister, die in sie eindringen, um das Gute und das Licht zu bekämpfen.

Eine Reinigungsformel

»Durch die Allmacht der heiligen Dreieinigkeit, dem Vater, dem Sohn und dem Heiligen Geist, mögen alle Unreinheiten aus meinem physischen Körper, aus meinem Herzen und aus meinem Verstand verjagt werden! Möge die Mutter Natur diese Unreinheiten nehmen und sie in ihren Werkstätten verwandeln, damit sie für das Gute genutzt werden.«

Die richtige Richtung finden

»Mein Gott, ich bin Dein Kind, aber ich mache ständig Fehler, weil ich noch nicht weiß, in welche Richtung ich gehen soll. Sende mir Deine Engel, damit sie mir den Weg zeigen.«

– S –

An den Schöpfer des Himmels und der Erde

»Herr und Gott,
Schöpfer des Himmels und der Erde,
Quelle des Lebens und des Lichtes,
Seele der Welt, Herrscher des Universums,
Sanfter, barmherziger Vater,
Dein Name sei gepriesen, in Ewigkeit.«
(3x)

Sprecht diese Worte langsam aus, während ihr euch gut von ihrer Bedeutung durchdringen lasst, dann werdet ihr nach und nach fühlen, wie sich euch die göttliche Essenz zu offenbaren beginnt.

Inmitten von Schwierigkeiten

»Mein Gott, indem Du mich erschufst, machtest Du mich zum Erben Deiner Weisheit, Deiner Kraft, Deines Lichtes, und dank ihnen kann ich den Schwierigkeiten die Stirn bieten. Hilf mir, diese Tugenden in mir wachsen zu lassen, auf dass ich Dich auf Erden preise, so wie die Engel Dich im Himmel preisen.«

Segnen – die Geste und die Worte

Der Priester, der seine Gläubigen segnet, und der Meister, der seine Schüler segnet, beide haben den Auftrag, durch ihre Geste und die von ihnen gesprochenen Worte die himmlischen Einflüsse auf sie herabkommen zu lassen. Es ist eine weißmagische Handlung. Aber diese weißmagische Handlung ist nur dann wirksam, wenn der Ausführende uneigennützig, rein und Herr seiner selbst ist. Und die, die den Segen empfangen, müssen zumindest empfänglich sein für dieses Licht, für diese Ströme, die von der geistigen Welt herabkommen, und sie sollten die gesprochenen Worte tief in sich aufnehmen. Wenn diese Bedingungen nicht erfüllt sind, bleibt das Segnen ganz offensichtlich eine sinnlose Handlung. Trotzdem ist es immer gut, dieses Ritual beizubehalten, in der Hoffnung, dass die Menschen sich eines Tages seiner Bedeutung bewusst werden und tatsächlich segensreiche Worte und Gesten übermitteln.

Und auch ihr solltet, bei allem was ihr tut, daran denken, nur auf segensreiche Weise Einfluss zu nehmen, indem ihr lernt, euch eurer Hände zu bedienen, die zu den besten Übertragungsmitteln gehören. Segnet die Gegenstände, segnet die Orte, die ihr betretet. Konzentriert euch auf eure Hände und bittet die himmlischen Wesen, euch zu unterstützen in eurem Wunsch, durch eure Hände alles zu geben, was ihr Gutes und Schönes in eurem Herzen und in eurer Seele besitzt.

Und wenn eine Mutter den Kopf ihres Kindes berührt, seine Beinchen und Ärmchen, dann sollte sie auch Segensworte aussprechen und die Engel bitten, in ihm zu wohnen, damit aus ihm ein großartiger Mensch und ein Diener Gottes wird.

Um unser göttliches Selbst zu offenbaren

»Herr, da Du uns nach Deinem Bilde geschaffen hast, bin ich in meinem wahren, in Dir wohnenden Wesen Liebe, Licht, Harmonie, Kraft, Freude… Hilf mir, mich jeden Tag diesem wahren Wesen, meinem höheren Selbst, zu nähern, damit es sich in allem, was ich unternehme, offenbaren möge.«

Nach einem Sieg

Wenn ihr spürt, dass ihr einen Sieg über einen Fehler oder eine schädliche Neigung errungen habt, bleibt bescheiden. Und um bescheiden zu bleiben, solltet ihr daran denken, dass dieser Verdienst nicht auf euch zurückzuführen ist, sondern auf den Herrn, der euch die Kräfte gegeben hat, eure niedere Natur zu beherrschen. Sprecht also nach jedem Sieg:

»Nicht mir, Herr, sondern Deinem Namen gebührt die Ehre.«

Und bittet Ihn, Seine Engel zu schicken, damit sie euch weiterhin in euren Anstrengungen unterstützen. Andernfalls lauft ihr Gefahr, in die Falle des Hochmuts und der Eitelkeit zu tappen, wie es schon vielen Personen ergangen ist.

Und wenn man euch beglückwünscht, weil ihr eine schwierige Aufgabe bewältigt oder eine Prüfung bestanden habt, sagt wieder:

»Nicht mir, Herr, sondern Deinem Namen gebührt der Verdienst.«

Denn ohne es zu wollen, stellen euch die anderen Fallen, indem sie euch rühmen. Diese Komplimente können euch den Kopf verdrehen. Egal welche Siege ihr erringt oder welche Verdienste ihr erlangt, sagt euch immer, dass der wahre Ruhm nicht euer persönlicher Ruhm, sondern der Ruhm Gottes ist.

Beim Sonnenaufgang

1- auf dem Hinweg

Sobald es Frühling wird und bis zum Ende des Sommers gehen wir hinaus, um der aufgehenden Sonne zu begegnen. Symbolisch gesehen repräsentiert die Sonne den Himmel, und wir, vor ihr, repräsentieren die Erde. Wenn es uns gelingt, uns innerlich auf sie einzustimmen, empfangen wir ihr Licht, das klare Sicht verleiht, ihre Wärme, die alle Unreinheiten verbrennt und ihr Leben, das unsterblich macht.

Wenn ihr in der Morgendämmerung aus dem Haus geht, denkt schon daran, dass ihr einem Wesen begegnen werdet, das lebendig ist, so wie die ganze uns umgebende Natur lebendig ist. Denn das Leben ist das gesamte, von einer Vielzahl unsichtbarer aber realer Geschöpfe bevölkerte Universum. Sendet ihnen einen Gruß in Dankbarkeit für die Klarheit dieses Morgens und für alle Lebewesen, die gerade erwachen. Sagt zu ihnen:

> ***»Oh ihr freundlichen Kinder der Erde, des Wassers, der Luft und des Feuers, ihr Gnomen, Undinen, Sylphen und Salamander, ich liebe euch, seid gesegnet und habt Dank für eure Arbeit.«***

Denn dank ihnen ist die Natur lebendig und schenkt uns alles, was sie besitzt. In diesem lebendigen und bewussten Organismus, zu dem wir gehören – der Natur –, ist eine Vielzahl von Wesenheiten bereit, zur Weiterentwicklung der Menschheit beizutragen. Die Erde, das Wasser, die Luft, das Feuer und die sie bewohnenden Wesenheiten haben vor dem Ewigen geschworen, all jenen zu helfen, die daran arbeiten, zu Geschöpfen des Friedens, der Harmonie und der Schönheit zu werden. Bittet sie zu kommen und am Kommen des Reiches Gottes auf Erden teilzunehmen. Eines Tages werden sich unzählige Geister in Bewegung setzen, um an den Herzen und Gehirnen der Menschen zu arbeiten. Dann wird der Himmel euch anerkennen als Erbauer des neuen Lebens, als Quelle, als einen Sohn oder eine Tochter Gottes.

2 – die Sonne betrachten, als sähe man sie zum ersten Mal

Ihr vertieft euch nun in den Anblick der aufgehenden Sonne. Bemüht euch, sie so anzuschauen, als würdet ihr sie zum ersten Mal sehen. Sagt zu ihr:

> ***»Oh, liebe Sonne, ich kannte dich noch nicht. Natürlich sah ich deine Schönheit und deinen Glanz, ich fühlte deine Wärme, aber ich hatte die Lehre, die du uns erteilst, noch nicht begriffen. Jetzt verstehe ich, dass du uns den Weg der Wahrheit, der Vollkommenheit und der Fülle zeigst. Ich möchte so werden wie du. Denn trotz meiner Schwächen fühle ich, dass ich etwas von dir besitze, etwas wie einen Keim, der täglich wachsen und sich entfalten kann.«***

So könnt ihr zur Sonne sprechen. Und versucht eure eigenen Worte zu finden, um euch an sie zu wenden. Warum sollte denn immer ich euch sagen, worum ihr bitten sollt?...

Ihr werdet niemals wie die Sonne werden, das ist offensichtlich, aber setzt dennoch ihr Bild in euren Kopf, als Ideal, das es zu erreichen gilt. Dieses unerreichbare Ideal wird die wohltuendsten Wirkungen auf euch haben, denn es wird euch dazu stimulieren, immer weiter zu gehen. Diese Wahrheit solltet ihr gut verinnerlichen.

3 – sich von den Sonnenstrahlen durchdringen lassen

Und lernt auch, die Sonnenstrahlen aufzunehmen, so wie ihr Luft, Wasser und Nahrung aufnehmt. Wendet euch an sie und sagt:

> ***»Oh, ihr Lichtstrahlen, die ihr als Einzige fähig seid, die Finsternis aufzulösen, vertreibt aus mir alle Wolken und alles Dunkle.«***

Es liegt schon in der Natur des Sonnenlichts, diese Arbeit, auch ohne dass wir uns dessen bewusst sind, in uns zu vollbringen, aber durch unsere Aufmerksamkeit und unseren guten Willen können wir daran teilnehmen und die Wirkung verstärken.

Wenn ihr zuschaut, wie die Sonne aufgeht, tut dies in der Überzeugung, dass etwas von ihr in euch eindringt und in euch wächst, und sprecht:

> ***»So wie die Sonne über der Welt aufgeht, möge die Sonne der Liebe in meinem Herzen, die Sonne der Weisheit in meinem Verstand und die Sonne der Wahrheit in meiner Seele und in meinem Geist aufgehen!«***

4 – die Moral der Sonne

Und schließlich lehrt uns die Sonne die wahre Moral. Religionsvertreter und Moralisten predigen uns, wir sollten uns selbst vergessen und nur an die anderen denken. Aber stellt der Sonne einmal folgende Frage: *»Oh du, die du alle Geschöpfe erhellst, wärmst und belebst, denkst Du wirklich nur an sie?«* Sie wird euch antworten: *»Nein! Wenn ich den Geschöpfen mein Licht und meine Wärme schenke, damit sie lebendig sind, so tue ich das für mich, weil es mich glücklich macht. Ich frage mich nicht jedes Mal, ob sie meine Wohltätigkeit verdienen oder nicht; das ist mir egal. Ich erhelle und erwärme sie weiterhin, weil darin mein Glück liegt.«* Es ist für ihre eigene Freude, an die anderen zu denken, sie zu unterstützen und zu erhellen, das ist die Moral der Sonne. Gebt euch also jetzt Mühe, auf neue Weise an euch selbst zu denken, bis dieser Gedanke eine ebenso uneigennützige und ebenso großzügige Form annimmt wie bei der Sonne.

Wohltuende Spuren hinterlassen

Denkt daran, überall, wo ihr vorbeikommt, die besten Wünsche auszusprechen und sagt:

»Mein Gott, da die Menschen Deine Kinder sind, hilf ihnen, sich immer bewusster zu werden, dass sie Brüder und Schwestern sind. Mögen sie lernen, in Harmonie zusammenzuleben! Möge der Gedanke der Brüderlichkeit sie durchdringen!«

Diese Gedanken, diese Worte werden an jedem Ort wohltuende Spuren hinterlassen, welche die Menschen, die nach euch dort vorbeikommen, beeinflussen werden.

Unter dem Sternenhimmel

Gewöhnt euch an, die Sterne zu betrachten. Sofern ihr die Möglichkeit dazu habt, geht in einer sternenklaren, warmen Sommernacht hinaus und legt euch an einem stillen Platz auf die Erde. Lasst euch von dem Frieden durchdringen, der sanft vom Sternenhimmel herabströmt und hegt keinen anderen Wunsch, als mit dieser Unendlichkeit zu verschmelzen. Der Friede, der sich nach und nach in euch ausbreitet, entreißt euch der Erdenschwere. In diesen Regionen, in die ihr euch hineinversetzt fühlt, spürt ihr, dass es nichts Wichtigeres gibt, als euch mit dem kosmischen Geist zu vereinen, euch von ihm durchdringen zu lassen, um zum wahren Verständnis der Dinge zu gelangen, einem Verständnis, das alle eure Zellen durchtränkt.

Während euer Blick über das Himmelsgewölbe wandert, sprecht zu jedem Stern ein Wort: So wird euch jeder von ihnen wie eine lebendige, intelligente Seele antworten. Versucht dann, einen zu finden, bei dem ihr spürt, dass ihr eine besondere Affinität zu ihm habt. Stellt euch vor, ihr geht zu ihm hin oder er kommt zu euch, konzentriert euch auf diesen Stern und wendet euch an die Engel, die ihn bewohnen. Es sind Freunde, vertraut ihnen eure Sorgen und Kümmernisse, aber vor allem eure Sehnsüchte und Hoffnungen an.

Ihr kehrt von solchen Erfahrungen mit einem erweiterten Verständnis des Lebens zurück, mit der Empfindung, dass ihr niemals allein seid und dass sich wohlwollende Mächte um euch kümmern und mit euch sprechen. Selbst wenn ihr nicht genau wisst, wer sie sind, werdet ihr ihre Anwesenheit an eurer Seite spüren.

Nach unserer Stimme wird man uns beurteilen

Das Wort, das dem Menschen gegeben wurde, ist eine göttliche Energie, und er sollte täglich darum bitten, sie für ein göttliches Ziel benutzen zu können. Diese Beherrschung des gesprochenen Wortes, welche das Ergebnis der Beherrschung seiner Gedanken und Gefühle ist, offenbart sich auch in seiner Stimme, und diese Stimme wird eines Tages für ihn Zeugnis ablegen. Wenn ein Menschengeschöpf nach seinem Tode vor den Seelenrichtern erscheinen muss, sagen sie zu ihm: »Sprich!« Er tritt nach vorne und sagt: »Formen der Ewigkeit, hier bin ich.«

Und dies genügt. Der Mensch muss keine gewählten Worte sprechen und braucht auch keine vielsagenden Sätze bilden, wenn er sich an sie wendet. Die Richter hören nur das Timbre, die Schwingungen seiner Stimme, denn dort liegt die Wahrheit seines Wesens.

– U –

Unterscheidungsvermögen erbitten, um keine Ungerechtigkeiten zu begehen

Bevor ihr in Gedanken oder mit Worten andere Menschen verdächtigt oder anklagt, seid zuerst einmal bedachtsam und sprecht folgende Worte:

> ***»Herr, ich möchte gerecht sein. Gib mir Unterscheidungsvermögen, damit ich den wahren Wert der Menschen in meinem Umfeld erkennen kann.«***

Vergesst nie, dass derjenige, der eine Ungerechtigkeit begeht, sich dem Gesetz des Rückschlags aussetzt. Diese Gedanken, Gefühle und Worte erreichen diese Personen nicht, gegen die sie gerichtet sind, sie werden vielmehr sofort umgelenkt und fallen auf den zurück, der sie ausgesendet hat.

Bevor man in den Urlaub fährt

Bevor jemand in den Urlaub fährt, bittet er: *»Herr, beschütze mein Haus und mache, dass ihm nichts Böses widerfährt, bewahre es vor Dieben.«*

Und wenn er beim Zurückkommen entdeckt, dass Einbrecher da waren, ist er natürlich wütend auf den Herrn, der Seine Arbeit nicht gut gemacht hat! Glaubte er wirklich, der Herr würde vor seiner Tür Wache halten, während er herumspaziert?

Ihr fragt: *»Aber ist es denn verboten, den Schutz unseres Hauses Gott anzuvertrauen?«* Nein, aber erstens sollte man sich nicht einbilden, Er selbst kümmere sich darum, sondern Ihn demütiger bitten, dass Er einen Seiner Diener schickt. Und zweitens sollte man sich selbst einige Verpflichtungen auferlegen, indem man verspricht, diese Ferienzeit nicht mit Vergnügungen und Nichtigkeiten zu verbringen, wie das nur zu oft der Fall ist, sondern die freie Zeit viel eher zu nutzen, um etwas zu lernen, sich zu bessern und spirituelle Wahrheiten zu vertiefen… Auf diese Weise schafft man die Voraussetzungen, erhört zu werden.

– V –

Verschmelzung mit Gott, um Ihn offenbaren zu können

»Herr, lass mich in Deiner unendlichen Größe aufgehen, damit Du kommen und Dich als Weisheit durch meinen Verstand, als Liebe durch mein Herz, als Stärke durch meinen Willen offenbarst.«

»Mein himmlischer Vater, Herr der Liebe, der Weisheit und der Wahrheit, komm in mich herab und wohne in mir, damit ich nur noch eins mit Dir werde!«

Sich mit allen Geschöpfen versöhnen, bevor man die Erde verlässt

Es ist wichtig, dass sich jeder, in dem Augenblick, in dem er die Erde verlässt, in Harmonie mit allen Geschöpfen fühlt. Wenn es einige gibt, mit denen er noch im Streit liegt, muss er sich auch mit ihnen versöhnen, sonst wird dies in ihm als Schuld aufgezeichnet, die er in einer nächsten Inkarnation zu begleichen hat. Ihr wendet ein, es gäbe Personen, die ihr nie wiedersehen könnt, und andere, die es nie akzeptieren werden, mit euch Frieden zu schließen. Das stimmt vielleicht, aber ihr könnt euch wenigstens in eurem Herzen, in eurer Seele mit ihnen versöhnen. Selbst wenn ihr beim Herannahen des Todes nicht mehr in der Lage seid, auch nur das Geringste zu unternehmen, habt ihr noch die Möglichkeit, für sie zu beten, indem ihr ihnen Gedanken des Friedens und der Liebe sendet. Denn wer liebt, der ist Herr über den Tod.

Damit uns unsere Fehler verziehen werden

Die von den Menschen begangenen Fehler erzeugen im Unsichtbaren übelriechende Ausdünstungen, die die Lichtwesen nicht ertragen können, weshalb sie sich von ihnen entfernen. Darum fühlen sich die Menschen dann arm und verlassen. Fürchtet also mehr als alles andere, Taten zu begehen, die diese Freunde von euch fernhalten. Wenn ihr nachlässig seid, werdet ihr sie verlieren. Sobald ihr euch bewusst werdet, schlecht gehandelt zu haben, wendet euch an sie und sagt:

»Lichtvolle Geister, die ihr mir Licht und Freude bringt, verzeiht mir. Ich war nicht wachsam genug, kommt dennoch zu mir zurück, ich werde mich bemühen, eure Anwesenheit fehlt mir so sehr! Lasst die Wasser des Lebensstromes wieder über mich fließen, erleuchtet mich mit eurer Klarheit!«

In allen Religionen gibt es Gebete, durch die der Gläubige das Verzeihen Gottes erfleht. Aber so natürlich es ist, seine Fehler zu bereuen, so schädlich ist es auch, sich damit zu belasten und ein Schuldgefühl aufrechtzuerhalten, in dem Glauben, man ziehe damit die göttliche Barmherzigkeit auf sich. Durch diese Haltung reproduziert man im Gegenteil nur falsche Klischees auf der Astralebene: Es sind die immer gleichen hässlichen, armseligen Formen, die man damit nährt.

Ihr habt Fehler begangen, die ihr bereut? Sehr gut, aber kaut nicht auf ihnen herum, sondern denkt vielmehr daran, den richtigen Weg wiederzufinden, indem ihr die Lichtwesen um Hilfe bittet. Sagt zu ihnen:

»Aufgrund meiner Unwissenheit bin ich zum Opfer meiner niederen Natur geworden, ich habe den böswilligen Wesenheiten die Türe geöffnet. Himmlische Geister, kommt mir jetzt bitte zu Hilfe, inspiriert mich zu Gedanken, Gefühlen, Handlungen und Worten, mit denen ich meine Fehler wiedergutmachen kann.«

Denn wahre Reue ist die Wiedergutmachung, sie wird euch zu Gott zurückführen. Zu sagen: »Herr, vergib mir« nützt nicht viel. Es wird uns erst verziehen, wenn wir unsere Fehler reparieren. Sagt also eher:

»Herr, ich wünsche mir jetzt nur noch ewige Reichtümer. Lege die Reinheit in mein Herz, die Weisheit in meinen Verstand, erweitere meine Seele durch die Liebe und lass meinen Geist den Weg der Wahrheit einschlagen.«

Und sobald ihr euer falsches Handeln erkannt und beschlossen habt, einen anderen Weg einzuschlagen, ruft euch die lichtvollen Momente in Erinnerung, die ihr sicherlich auch erlebt habt, jene Momente, in denen ihr euch als Kind Gottes fühltet, leicht, glücklich und voller Liebe für die ganze Welt. Auf diese Weise stellt ihr in eurer Seele die Bedingungen wieder her, die bewirken, dass jene Wesenheiten, die an diesen Zuständen der Freude und des Lichts teilnahmen, euch wieder besuchen, und so empfangt ihr erneut Kräfte und Segnungen.

Die vier Elemente – Gebet an die Engel, die über sie regieren

Die vier Elemente Erde, Wasser, Luft und Feuer werden von Engeln, von Dienern Gottes regiert. Deswegen können wir den Herrn bitten, uns diese Engel zu schicken, damit sie uns bei unserer Arbeit helfen. Hier das Gebet:

»Herr, unser Gott, Herrscher des Universums, sende mir Deine Diener, den Engel der Erde, des Wassers, der Luft und des Feuers. Mögen sie mich in meiner Arbeit für das Kommen Deines Reiches und seiner Gerechtigkeit auf der Erde unterstützen.
Möge der Engel der Erde die Verschmutzungen meines physischen Körpers absorbieren, damit ich Deinen Willen erfüllen und Deine Herrlichkeit ausdrücken kann.
Möge der Engel des Wassers mein Herz von all seinen Unreinheiten reinwaschen, damit es zum Gefäß Deiner unendlichen Liebe wird.
Möge der Engel der Luft meinen Verstand reinigen, damit aus ihm Dein Licht und Deine Weisheit erstrahlt.

Schließlich sende mir, Herr, den Engel des Feuers. Möge er meine Seele und meinen Geist heiligen, damit sie zu Wohnstätten Deiner Wahrheit werden.«

Vogel als Träger von Nachrichten

Ihr seid in eurem Zimmer und fleht den Herrn an, euch zu helfen, weil ihr Sorgen oder Kummer habt. Ihr wähnt euch alleine, aber plötzlich hat auf dem Sims eures offenen Fensters ein kleiner Vogel euren Ruf, euren Hilfeschrei gehört und trägt euer Gebet zum Himmel.

Wartet jedoch nicht darauf, dass das zufällig passiert, sondern gewöhnt euch an, den Vögeln eure besten Wünsche anzuvertrauen. Formuliert eure schönste und reinste Bitte, wenn ihr einen Vogel in eurer Nähe vorbeifliegen seht, und beauftragt ihn, sie mitzunehmen. Selbst wenn ihr nichts Spezielles zu erbitten habt, könnt ihr, wenn ihr einen Vogel seht, ihn immer als einen Boten betrachten, der eure guten Gedanken in die Welt hinaustragen wird.

Das Wasser

Unser tägliches Leben besteht aus zahlreichen Aktivitäten, die wir als banal erachten. In Wirklichkeit ist es jedoch immer möglich, all unserem Tun eine spirituelle Dimension zu verleihen.

1 – beim Gesichtwaschen

Im Sohar steht geschrieben, das Gesicht des ersten Menschen sei identisch mit dem Gesicht des Schöpfers gewesen. Als er wegen seines Ungehorsams aus dem Paradies vertrieben wurde, veränderte sich sein Angesicht. Dennoch kann er wenigstens innerlich versuchen, dieses ursprüngliche Angesicht wiederzufinden. Am Morgen, wenn ihr euch wascht, konzentriert euch einen Augenblick auf das Wasser und seine Fähigkeiten. Sprecht, während ihr euch wascht:

»Mein Gott, möge Dein Licht mein Angesicht erleuchten!«

2 – beim Baden

Ihr wollt ein Bad nehmen. Warum es aber bei einem physischen Bad belassen, das euch nur von ein wenig Schmutz befreit? Es kann auch ein Bad werden, das euch in allen Bereichen wäscht, ein Bad, das euch reinigt. Bevor ihr in das Wasser steigt, richtet also folgende Worte an dieses Wasser und seine Bewohner:

»Oh, ihr Geschöpfe, die ihr in diesem Wasser lebt, ich bin glücklich, heute wieder Kontakt mit euch aufzunehmen. Ich bitte euch, helft mir, mich von allen Unreinheiten zu befreien.«

Berührt dann das Wasser, segnet es und ruft das Licht und die Macht Gottes auf es herab.

Indem ihr so zu dem Wasser sprecht wie zu einem sehr kostbaren Element, welches so viele schöne Geschöpfe beherbergt, tretet ihr bereits auf den feinstofflichen Ebenen mit ihm in Kontakt. Dadurch gelingt es euch, beim Waschen auch euren Äther-, Astral- und Mentalköper zu berühren. Ihr fühlt euch befreit, losgelöst und seid nach diesem Bad wieder bereit, euch mit neuen Kräften an die Arbeit zu machen.

3 – wenn ihr euch ein Glas Wasser einschenkt

Wenn ihr euch ein Glas Wasser einschenkt, gewöhnt euch an, euer Glas vor dem Trinken einige Sekunden in der Hand zu halten. Betrachtet dieses Wasser und stellt euch vor, dass ihr die gleiche Transparenz und Klarheit besitzt. Nach und nach wird euer gesamtes Wesen von einem subtilen Fluidum durchwirkt. Wenn ihr dann trinkt, sprecht in Gedanken:

»Bei der Liebe, die heilt, bei der Weisheit, die erhellt, bei der Wahrheit, die befreit.«

Eines Tages wird das Wasser für euch nicht mehr nur diese farblose und scheinbar unbedeutende Flüssigkeit sein, die ihr auch zum Geschirrspülen, Wäschewaschen usw. benutzt. Ihr werdet wahrnehmen, wie sich euch eine Quelle der Wunder eröffnet: Alle Wesen und Dinge werden sich so offenbaren, wie sie wirklich sind, jenseits ihres materiellen Scheins, und ihr werdet die positiven Auswirkungen bis auf die physische Ebene spüren; selbst euer Gehirn wird besser funktionieren.

Das Wasser ist die Mutter des Lebens. Und weil es unter den vier Elementen dasjenige ist, das am innigsten mit unserem Organismus verschmilzt, könnt ihr, während ihr es trinkt, Kontakte mit den reinen Kräften des Universums herstellen und die Elemente, die es enthält, aufnehmen. Trinkt es sehr langsam, in kleinen Schlucken, in dem Bewusstsein, dass ihr das Blut der Natur aufnehmt, welches alle Lebewesen labt und nährt. In den Evangelien steht, Jesus habe bei der Hochzeit zu Kanaan Wasser in Wein, das heißt in Blut, in Leben, verwandelt. Auch in unserem Körper kann sich das Wasser in Leben tragendes Blut verwandeln. Meditiert ausgiebig über diesen Gedanken und sprecht zum Wasser:

»Du, alle Geschöpfe ernährendes Wasser, offenbare mir die Geheimnisse des ewigen Lebens.«

4 – Begegnung mit dem Wasser in der Natur

Wie viele Gelegenheiten bieten sich uns, dem Wasser in der Natur zu begegnen! Es gibt Quellen, Bäche, Seen, Wasserfälle, Flüsse, Meere, Ozeane… Aber diese Begegnungen bringen uns nur dann wirklich etwas, wenn wir uns all diesen Gewässern mit Respekt nähern; die in ihnen lebenden schönen und reinen Wesenheiten werden uns nur dann wohlgesonnen sein, wenn wir ihnen Wertschätzung und Liebe entgegenbringen.

Und besonders wenn ihr in einem See baden wollt, solltet ihr dies nicht in jeder beliebigen geistigen Verfassung tun. Wendet euch an Wesenheiten, die in ihm wohnen, und bittet sie, euch in ihrer Mitte aufzunehmen. Denn wenn ihr badet, ist es so, als würdet ihr eure Unreinheiten in ihrer Wohnstätte abladen. Es muss euch bewusst sein, dass ihr sie stören könntet. Seid also wachsam.

5 – die magischen Kräfte des Wassers

Die Haupteigenschaft des Wassers ist es, aufzunehmen und zu übertragen. Deswegen wurde es zu allen Zeiten für magische Handlungen benutzt. Zahlreiche Werke erzählen von Fällen, wo Magier einen Menschen in ein Tier verwandelten, nachdem sie bestimmte Formeln über einem Gefäß mit Wasser ausgesprochen und ihr Opfer anschließend damit besprengt hatten. Diese Kräfte des Wassers können natürlich ebenfalls für das Gute dienen. Deshalb benützen die Priester das Wasser, um die Gläubigen damit zu segnen. Dieses Wasser, das die Eigenschaft hat, die ihm übermittelten Energieströme zu bewahren, wird zum Träger der von ihnen gesprochenen Segensworte.

In Kenntnis dieser Eigenschaften des Wassers könnt auch ihr eine psychische Arbeit ausführen. Taucht eure Hände in reines Wasser und konzentriert euch auf es. Bittet es dann, alle schädlichen Einflüsse abzuweisen und nur die Mächte des spirituellen Lebens, deren Symbol es ist, zu euch heranzuziehen.

6 – in Kontakt treten mit allen Gewässern der Erde

Ihr habt Wasser in eine Schale oder ganz einfach in ein Glas gefüllt: Dieses Wasser steht stellvertretend für alle Gewässer der Erde. Tatsächlich genügt ein einziger Tropfen Wasser, um euch symbolisch und magisch mit allen Flüssen und Ozeanen zu verbinden; unter der Bedingung, dass ihr wisst, wie ihr zu ihm sprechen sollt. Sagt also:

»Ich grüße Dich, freundliches, reines und lebendiges Wasser, Dich, du Dienerin Gottes.«

Anschließend könnt ihr eure Finger eintauchen und dabei denken, dass ihr mit seinem Ätherleib in Verbindung tretet, dass ihr seine Schwingungen in euch aufnehmt. Führt diese Geste mit einem heiligen Gefühl aus, ihr werdet spüren, wie euer ganzer Körper mit der gesamten Natur in Harmonie schwingt.

7 – Wasser in der Wüste

Früher oder später wird jeder in seinem Innenleben die Erfahrung der Wüste machen müssen. Das muss man wissen, und man muss arbeiten, um für diese Augenblicke einen Wasservorrat zu besitzen. Dieses Wasser ist der Glaube und die Liebe. Allein der Glaube und die Liebe erlauben es dem Menschen, diese Prüfung zu überleben. Sogar im erschöpften, bewusstlosen Zustand darf er sie nicht verlieren. Sollte dieser Verlust eintreten, so deshalb, weil er seine niedere Natur noch nicht vollständig gebändigt hatte und sie auf eine günstige Gelegenheit wartete, um sich auf ihn zu stürzen und ihn zu Boden zu werfen. Aber selbst mitten in der inneren Wüste solltet ihr sagen können:

»Herr, mein Gott, ich befinde mich in Deinen Händen. Du hast meinen Weg vorgezeichnet, ich gehe zu Dir, ich gehe mit Dir. Ich möchte Dir dienen, ich liebe Dich, Herr, hilf mir.«

Das ist alles.

8 – an den Engel des Wassers

»Im Namen der unsterblichen Liebe, im Namen der ewigen Weisheit, in denen wir leben, uns bewegen und unser Sein haben, gib, dass dieses Wasser unser Herz von allen dunklen Wünschen und Gefühlen befreit, damit es zu einer Wohnstätte der Reinheit, der Demut, der Sanftmut und der Geduld wird.«

Um den Weg zu finden

In manchen Momenten fällt es nicht leicht, die innere Sicherheit zu bewahren, die es erlaubt, entschlossen einer inneren Orientierung zu folgen, und es ist gefährlich, unentschlossen und zögerlich zu bleiben. Es gibt eine Methode, um diesem Zustand der Unentschlossenheit zu entgehen. Zieht euch tief in euch selbst zurück und sprecht:

»Mein Gott, ich bin unwissend, ich habe weder die nötige Intuition noch die nötige Klarheit, um die Situation richtig einschätzen zu können. Aber dies darf mich nicht stören oder lähmen: Ich lege meinen Glauben in das Gute, in das Licht und ich will weiterhin voller Rechtschaffenheit, Uneigennützigkeit und Mut handeln.«

Wenn es euch gelingt, in diesem Geisteszustand zu bleiben, werdet ihr schließlich den Weg finden und spüren, dass ihr sicher voranschreiten könnt.

Weihe von Orten und Gegenständen

Die Weihe ist ein Ritual, bei dem ihr einen Gegenstand oder einen Ort unter den Schutz eines geistigen Wesens stellt. Aber bevor ihr ihn weiht, müsst ihr zuerst die bösen Geister aus ihm vertreiben, das heißt den Gegenstand reinigen, weil er bereits Einflüssen ausgesetzt war. Personen haben ihn berührt, Ereignisse haben in seiner Nähe stattgefunden, und das hinterlässt auf ihm fluidische Spuren, die nicht immer gute Überträger des Lichtes sind. Diese fluidalen Einprägungen verhindern, dass euer Gebet in den Gegenstand eindringen kann, denn sie bilden eine Art Barriere, einen Schirm, der für das Gebet ein Hindernis darstellt.

Habt ihr aus einem Gegenstand oder einem Ort durch Gebete und sogar mit Weihrauch die bösen Geister vertrieben*, so könnt ihr ihn weihen. Ihr bittet dabei die Himmlischen Mächte, ihn mit ihrem Licht zu durchtränken und sprecht:

»Geister des Lichtes, der Reinheit, der Wahrheit, ich weihe euch diesen Gegenstand (diesen Ort) damit er Träger eurer Tugenden wird und nichts Dunkles mehr in ihm verbleibt.«

Von diesem Augenblick an ist er reserviert. Es ist so, als hättet ihr ein Schild angebracht auf dem steht: *»Eintritt verboten für böse Geister.«* Die Türe ist nur für die Geister des Guten geöffnet, die euch durch ihn beschützen und euch bei eurer geistigen Arbeit helfen.

* Siehe »Geister des Bösen vertreiben« unter dem Buchstaben »G«.

Das Wenige, für das wir dankbar sein sollten

Selbst wenn ihr zum Leben nur das Allernotwendigste besitzt, versucht, damit zufrieden zu sein. Ihr solltet sogar so weit kommen, dass ihr euch darüber freut und den Herrn lobpreist mit den Worten:

»Herr unser Gott, wie weise und gütig bist Du! Du hast mich bewahrt. Wenn ich viel Geld und Besitz hätte, müsste ich mich darum kümmern, und das wäre viel verlorene Zeit. Und wie vielen Versuchungen wäre ich ausgesetzt! Jetzt hingegen, nur mit dem Allernotwendigsten, bin ich frei, bin ich geschützt und habe alle Möglichkeiten, an Dich zu denken und mich Dir zu nähern.«

Für euren Frieden und eure innere Entwicklung solltet ihr begreifen, dass es vorzuziehen ist, ohne große materielle Mittel zu leben. Und dankt der Vorsehung, dass sie euch diese Bedingungen gegeben hat! Sollte sie euch jetzt jedoch ein großes Vermögen geschenkt haben, ist das sehr gut, dankt ihr auch dafür und versucht vor allem, es auf die beste Weise zu nutzen.

Die Gebete des Weisen

»Herr, gib mir nicht zu viel, damit ich Dich nicht vergesse, und versage mir nicht zu viel, damit ich mich nicht auflehne.«

»Herr, unser Gott, gib mir die Geduld, zu ertragen,
was nicht geändert werden kann,
den Mut, zu ändern,
was geändert werden kann,
und die Klarsicht,
*das eine vom anderen zu unterscheiden.«**

An die Weisen und spirituellen Meister

»Ihr seid alle unsere älteren Brüder, und selbst wenn ihr die Erde verlassen habt, kümmert ihr euch weiterhin um die Zukunft der Menschheit. Helft uns, eure Gedanken zu durchdringen, damit wir zu Trägern eures Lichtes und eurer Liebe werden, zum Wohl aller Menschen auf der Erde.«

* Dieses bekannte Gebet stammt nicht von Omraam Mikhaël Aïvanhov, sondern von dem amerikanischen Theologen Reinhold Niebuhr.

Herr, ich liebe Deine Weisheit

»Herr, ich liebe Deine Weisheit, ich glaube an Deine Liebe, ich hoffe auf Deine Kraft.«

Wenn ihr dieses Gebet sprecht, so versucht, ihren Sinn gut zu verinnerlichen.

Wenn ihr sagt:

»Herr, ich liebe Deine Weisheit«,

so begegnet eure Liebe der Weisheit Gottes und ihr zieht sie in euch an.

Wenn ihr sagt:

»Ich glaube an Deine Liebe«,

so begegnet euer Glaube der göttlichen Liebe, und Gott liebt euch, weil ihr an Ihn glaubt.

Wenn ihr sagt:

»Ich hoffe auf Deine Kraft«,

so begegnet eure Hoffnung der Kraft Gottes, die euch aufgrund eurer Hoffnung beschützt.

Um die Weisheit, die Liebe und die Kraft Gottes anzuziehen, müssen wir also mit diesen drei Tugenden, der Liebe, dem Glauben und der Hoffnung arbeiten. In uns sind diese drei Tugenden jeweils mit dem Gehirn, den Lungen und dem Magen verbunden und können deren Zustand verbessern, da unsere physische Gesundheit auch von unserer psychischen und spirituellen Gesundheit abhängt. Für euren Magen solltet ihr also eure Hoffnung stärken, für eure Lungen euren Glauben und für euer Gehirn eure Liebe, denn durch die Liebe entwickelt man die Weisheit.

Unsere innere Wohnstätte braucht ebenso Schutz

Versucht, jenen Zustand der Unentschlossenheit niemals zu akzeptieren, bei dem sich gegensätzliche Neigungen den Platz streitig machen; sonst ähnelt ihr schließlich einer unbewohnten Wohnung, in die Eindringlinge hineinkommen wollen, um dort zu klauen und auf Kosten des Besitzers zu leben.

Wenn sie ihr Haus für eine bestimmte Zeit verlassen müssen, bitten manche Leute Freunde, darin zu wohnen und es zu bewachen. Auf der physischen Ebene weiß man also sehr wohl, was zu tun ist, aber wenn es um die innere Welt geht, denkt man nicht daran, dass auch dort Vorkehrungen zu treffen sind. Wenn ihr euch unsicher fühlt oder gar ins Wanken geratet, so denkt daran, wenigstens für eine gewisse Zeit Mitbewohner in eurem Inneren einzumieten. Ruft die lichtvollen Freunde der unsichtbaren Welt herbei und sagt zu ihnen:

»Ich fühle, dass ich die Situation nicht gut im Griff habe, und ich befürchte, dass böswillige Wesen davon profitieren werden, um bei mir einzudringen. Deshalb bitte ich euch, für einige Zeit meine Wohnstätte zu besetzen.«

Später werdet ihr diese intelligenten, gütigen und wachsamen Freunde nicht mehr gehen lassen wollen, und ihr behaltet sie für immer bei euch.

Die Worte

1 – sich vornehmen, den bestmöglichen Gebrauch davon zu machen

»Herr, unser Gott, der Du die Welt durch das göttliche Wort erschaffen und mir die Sprache gegeben hast, damit ich, wie Du, zum Schöpfer werde, sage mir, wie ich es Dir gleichtun kann, um täglich ein Spiegelbild von Dir zu werden. Bis jetzt war ich mir nicht bewusst, welch wunderbares Werkzeug Du mir mit meinem Mund, der Zunge und den Lippen gegeben hast. Ich habe den Menschen durch meine Worte geschadet, sie in Schwierigkeiten gebracht und sie verletzt. Verzeih mir. Von nun an möchte ich die Worte verwenden, um ihnen zu helfen, sie zu trösten, ihnen Licht, Wärme und Leben zu bringen und sie auf diese Weise zu Dir, dem Schöpfer, zu führen.«

2 – seine Macht, die Menschen ohne ihr Wissen zu berühren

Zu wenige Mütter kennen die Möglichkeiten, die ihnen durch das Wort für die Erziehung eines Kindes gegeben werden. Selbst wenn es noch nicht alt genug ist, um das Gesagte zu verstehen, selbst wenn es schläft, kann seine Mutter zu ihm sprechen und ihm erklären, was sie bei den himmlischen Wesen für es erbittet, was ihre Wünsche für seine Zukunft sind... Da das Wort eine wirksame Kraft ist, werden die Wünsche einer Mutter im Unterbewusstsein des kleinen Kindes aufgezeichnet. Die unsichtbaren Wesen, die das gehört haben, machen sich ebenfalls an die Arbeit und setzen in seinem Gehirn, in seinem Herzen, in allen Zellen und Organen seines Körpers die Prozesse in Gang, sie sammeln die Elemente an, die diesem Kind später ermöglichen werden, die Begabungen und guten Eigenschaften, die seine Mutter ihm wünschte, zu offenbaren.

Und jeder von euch hat ebenso die Möglichkeit, über das Wort allen Personen, denen er helfen will, etwas Gutes mitzugeben. Sprecht Worte aus, die erhellen und Trost bringen. Selbst wenn diese Personen sich dessen nicht bewusst sind, so werden diese Worte ihnen doch auf die eine oder andere Weise eine Unterstützung bringen.

– Z –

Die Zeit darf nie eine Rolle spielen

Alles, worum ihr in euren Gebeten bittet, verwirklicht sich im selben Augenblick, aber auf den feinstofflichen Ebenen. Wenn ihr in euren Wünschen und Bitten beharrlich bleibt, werden diese bisher nur auf der unsichtbaren Ebene existierenden Verwirklichungen immer weiter auf die physische Ebene herabkommen, und nichts wird sich dem widersetzen können. Ihr wendet ein, es sei unmöglich, dass alles, was ihr wünscht, bereits verwirklicht ist; und doch ist dies der Fall. Wenn ihr betet, um die Weisheit, die Liebe, die Freiheit und die Kraft zu erbitten, dann treten bereits wunderbare Wesen in euch ein, um euch bei der Verwirklichung eurer Wünsche zu helfen. Da ihr euch dessen nicht bewusst seid, freut ihr euch nicht über ihre Anwesenheit. Aber verliert den Mut nicht, sondern fahrt nur in euren Gebeten fort, indem ihr sprecht:

»Herr, weil das, was ich wünsche, so schön ist, mache ich mir keine Gedanken darüber, wie lange ich noch werde warten müssen, um es zu bekommen. Ich vertraue Dir.«

Und wenn ihr krank seid, so bittet nicht darum, schnell geheilt zu werden, sondern sagt:

> ***»Oh, mein Gott, die Zeit zählt für mich nicht, ich akzeptiere Deinen Willen, ich stehe Dir zur Verfügung. Das Einzige, worum ich Dich bitte, ist, dass ich lerne, Dich zu erkennen, Dich zu lieben, alles Übrige kann so lange warten, wie es Dir gefällt.«***

Auf diese Weise besiegt ihr die Zeit. Bittet weiterhin und arbeitet. Und legt den Herrn niemals auf den Zeitpunkt der Erfüllung fest.

Segnen, danken, weihen: Drei Worte, die Zusammenfassung aller Gebete

Wollt ihr täglich euer Leben bereichern und verschönern? Dann segnet die Geschöpfe, denen ihr begegnet und die Gegenstände, die ihr berührt. Dankt dem Herrn für das, was ihr erhaltet, für Freuden und Leiden, und weiht Ihm eure Handlungen. Das in den Büchern aller Bibliotheken der Erde enthaltene Wissen wird nie diese drei Übungen ersetzen: Segnen, Danken, Weihen. Macht sie zur Regel eures gesamten Daseins.

Teil V

Gemeinsam für das Kommen des Reiches Gottes beten

Die Menschen bekamen von der kosmischen Intelligenz psychische Fähigkeiten, die sie für das Gute wie auch für das Böse einsetzen können. Allein durch ihre Gegenwart, durch ihre Gedanken, Gefühle und Sehnsüchte haben sie die Macht, Quellen lebendigen Wassers zum Strömen zu bringen oder aber Krankheit und Tod zu verbreiten.

Die Macht, die jeder Einzelne besitzt, wird natürlich verstärkt, wenn eine große Anzahl von Personen beschließt, sich zu vereinen, um eine Idee ins Leben zu rufen. Und die Idee, für die wir uns vereinen, ist das Reich Gottes. Sobald wir uns auf diese Idee konzentrieren und für ihre Verwirklichung beten, strömen feinstoffliche Teilchen von uns aus, einer Materie gleich, die die Engel, Erzengel und Naturgeister aufsammeln, um uns dabei zu helfen, eine Welt des Lichts und des Friedens zu erschaffen. Und sie kommen nicht allein. Es kommen auch alle Menschen, die seit vielen Jahrhunderten für das Kommen des Gottesreiches gearbeitet haben: die Patriarchen, die Propheten, die großen Meister, die Heiligen, die Apostel, die Glaubensbekenner, die Jungfrauen und Märtyrer, also alle, die ihr Leben dieser Idee geweiht und oft auch ihr Blut dafür vergossen haben. Denn für sie gibt es nichts Wichtigeres als zu sehen, wie das, was sie so sehr gewünscht haben, verwirklicht wird, und sie wollen weiterhin daran teilnehmen.

Wie entstanden Revolutionen? Mussten alle Mitstreiter Politiker, Juristen, Philosophen, Wissenschaftler und Generäle sein? Nein, sondern Wissende und Unwissende, Fähige und Unfähige, Schwache und Starke hatten sich vereint und gemeinsam den Sieg errungen. Täglich wird von solchen Ereignissen berichtet in Büchern und Zeitungen, im Radio und Fernsehen, doch wir wissen nicht, wie wir sie interpretieren sollen. Ihr fragt: »Was gibt es denn da zu interpretieren?« Vieles, und insbesondere die Tatsache, dass es auf der Erde von der Anzahl der Personen mit einem gemeinsamen Anliegen abhängt, um etwas verwirklichen zu können. Es ist zweitrangig, wenn in dieser Menge auch ein paar Kranke oder sogar einige Alkoholiker mit dabei sind. Wichtig ist, dass selbst die Kranken, selbst die Alkoholiker mit den anderen zusammen ihre Forderungen einbringen!

Und was zählt für die Verwirklichung des Reiches Gottes? Natürlich muss sich jeder für sich bemühen, innerlich zu wachsen und immer mehr auf dem Weg des Guten und des Lichts voranzuschreiten. Aber wesentlich ist, dass alle gemeinsam bitten und beten, um endlich erhört zu werden.

Jesus sagte: »Die Ernte ist groß, aber wenige sind der Arbeiter« (Mt 9,37). Das Feld, auf dem geerntet wird, ist die ganze Erde, auf der Milliarden von Individuen leben, mit ihren Meinungen, ihren Zielen und ihren Interessen, die sich gegenseitig widersprechen. Sie aufzuklären, ist eine gigantische Aufgabe, die kein Mensch alleine verwirklichen kann. Wir müssen also gemeinsam denken und handeln, und wenn wir uns versammeln, sollten wir uns gemeinschaftlich auf diese Idee des Reiches Gottes konzentrieren, weil sie uns anvertraut wurde. Wir haben die Verantwortung, die Pflicht, zu ihrer Verwirklichung beizutragen.

Es genügt nicht, ab und zu den Satz, den Jesus uns lehrte, zu rezitieren: »Dein Reich komme, Dein Wille geschehe wie im Himmel so auf Erden«, und die übrige Zeit des Tages allen möglichen anderen Beschäftigungen und Aktivitäten nachzugehen, die keinerlei

Bezug zu dieser Bitte haben. Wir müssen mit dieser Bitte in Harmonie leben und uns mit ihr ausreichend identifizieren, damit diese Worte ein Gewicht bekommen. Dann werden eure Wünsche in einer Art Sammelbehälter abgelegt, und geistige Wesen wiegen sie auf ihren Waagen. Natürlich sind die Gedanken und Wünsche Realitäten, die man nicht abwiegen kann, aber auf den höheren Ebenen haben sie ein Gewicht, das nur diese höheren Waagen bestimmen können. Wenn die Bitten der Menschen genügend Gewicht haben werden, werden die himmlischen Wesen sagen: »Gut, jetzt reicht es aus«, und dann werden sie erhört.

Ihr werdet einwenden: »Aber alle Christen erwarten doch dieses Reich Gottes, das Jesus angekündigt hat, alle Christen sind für das Reich Gottes.« Das stimmt, aber »erwarten« und »dafür sein« reicht nicht aus. Stellt euch beispielsweise vor, man hätte in einer Stadt die Möglichkeit angekündigt, ein wundervolles Gebäude zu erbauen. Alle sind einverstanden, aber man lässt die Bevölkerung ebenfalls wissen, dass dieses Gebäude niemals gebaut wird, wenn nicht jeder finanziell nach seinen Möglichkeiten etwas dazu beiträgt. Es gibt eine Kasse, die gefüllt werden muss. An dem Tag, an dem wenigstens ein Teil der nötigen Summe zusammenkommt, erscheinen die Arbeiter und der Bau beginnt. Wie viele Leute haben gute Absichten, gute Projekte, für deren Verwirklichung es in der geistigen Welt jedoch auch eine Kasse gibt, einen Behälter, der gefüllt werden muss. Daher sollten wir täglich Gelegenheiten finden, etwas vom Besten zu geben, das wir in unserem Herzen, in unserem Verstand, in unserer Seele und in unserem Geist tragen, um die kosmische »Kasse« zu füllen.

Das ist es, was wir in unseren Bruderschafts-Zentren tun: Jeder ist ein Lichtzentrum. Wir weben Verbindungen zwischen Erde und Himmel, die so etwas wie lebendige Kanäle sind, durch die die göttlichen Segnungen herabströmen. Wenn es nicht an vielen Orten der Welt schon solche Kanäle gäbe, wäre die Menschheit in noch viel höherem Maß das Opfer zerstörerischer Kräfte. Wollt ihr eurer

Familie, eurem Land und der ganzen Welt helfen? Dann bemüht euch zu verstehen, wie wichtig es ist, diese geistigen Zentren zu erschaffen, dank derer die Erde in Kontakt mit dem Himmel tritt. Sagt zu euch selbst, dass dies die ruhmreichste Aufgabe ist, die ihr erfüllen könnt: etwas zu tun, damit die menschlichen Seelen von euren Anstrengungen profitieren können, so dass sie dank eurer Arbeit die Nahrung erhalten, die sie so dringend brauchen.

Für das Wohl der Menschheit ist es notwendig, dass überall Lichtzentren entstehen. Wenn die himmlischen Wesen inmitten der Dunkelheit, die die Erde umgibt, diese Zentren entdecken, werden sie von ihrer Helligkeit angezogen, kommen herbei, kontemplieren sie und schütten gleichzeitig ihren Segen über sie aus. Auf diese Weise lernen die Menschen nach und nach, zu Bürgern der höheren Welt zu werden. Und weil sie Bürger der höheren Welt werden, können sie zu Wohltätern für die Welt unten werden.

Später, wenn ihr die Möglichkeit bekommt, auf die unterschiedlichen Momente eurer Existenz zurückzuschauen, werdet ihr zwangsläufig erkennen, dass jene Stunden, die ihr in Stille, Meditation, mit Liedern und Gebeten in der Bruderschaft verbracht habt, die wichtigsten und kostbarsten Augenblicke eures Lebens waren. Ihr fühlt es noch nicht, aber eines Tages, wenn ihr die Dinge klarer seht, werdet ihr verstehen, an welcher Arbeit ihr teilgenommen habt. Und wenn man euch die Folgen dieser Arbeit für die ganze Welt zeigen wird, werdet ihr sagen: »Oh! Gott sei gelobt, Gott sei gepriesen, dass Er mir ermöglicht hat, daran teilzunehmen!«

Ich flehe die himmlischen Wesen an, dass sie euch, und sei es auch nur für wenige Momente, erlauben mögen, einen Einblick zu erhalten in die ferne Bestimmung der Arbeit, die wir hier gemeinsam ausführen. Diese Herrlichkeit werdet ihr nie mehr vergessen, ihr werdet vor nichts mehr zurückweichen, nichts wird euch aufhalten können. Nach und nach werdet ihr alle Hindernisse überwinden, weil diese Vision eure Seele mit dem Wunsch erfüllt, dieses sich ständig entfernende Ziel zu erreichen. Selbstverständlich

werdet ihr darunter leiden, es niemals erreichen zu können, aber dieses Leiden hält in euch den Elan und das Bedürfnis aufrecht, immer weiter und weiter voranzuschreiten. Dieses gesegnete Leiden veredelt euer gesamtes Wesen, es ist das einzige Leiden, von dem ich mir wünsche, dass ihr es kennenlernt, so wie ich es kenne.

Ein gemeinschaftliches Gebet:

»Durch die unbegrenzte Allmacht von Gottes großem Namen, Jod He Vau He, und durch die Allmacht der Göttlichen Mutter und des magischen Wortes,
möge die Große Universelle Weiße Bruderschaft, die oben ist, herabsteigen und sich unten, auf der Erde, unter den Menschen manifestieren!
Mögen das Licht und die Liebe in der Seele und dem Geist aller Menschen regieren!
Möge sich das Reich Gottes und seine Gerechtigkeit so bald wie möglich auf der Erde verwirklichen!
Amen, Amen, Amen, so sei es!
Zum Ruhme Gottes, zum Ruhme Gottes, zum Ruhme Gottes.«

Vom selben Autor
Taschenbuchreihe IZVOR

200 Hommage an Meister Peter Deunov
201 Auf dem Weg zur Sonnenkultur
202 Der Mensch erobert sein Schicksal
203 Die Erziehung beginnt vor der Geburt
204 Yoga der Ernährung
205 Die Sexualkraft
206 Eine universelle Philosophie
207 Was ist ein geistiger Meister?
208 Das Egregore der Taube – Innerer Friede und Weltfrieden
209 Weihnachten und Ostern in der Einweihungslehre
210 Die Antwort auf das Böse
211 Die Freiheit, Sieg des Geistes
212 Das Licht, lebendiger Geist
213 Die menschliche und göttliche Natur in uns
214 Liebe, Zeugung und Schwangerschaft
215 Die wahre Lehre Christi
216 Geheimnisse aus dem Buch der Natur
217 Ein neues Licht auf das Evangelium
218 Die geometrischen Figuren und ihre Sprache
219 Geheimnis Mensch. Seine feinst. Körper u. Zentren
220 Der Tierkreis, Schlüssel zu Mensch und Kosmos
221 Alchimistische Arbeit und Vollkommenheit
222 Die Psyche des Menschen
223 Geistiges und künstlerisches Schaffen
224 Die Kraft der Gedanken
225 Harmonie und Gesundheit
226 Das Buch der göttlichen Magie
227 Goldene Regeln für den Alltag
228 Einblick in die unsichtbare Welt
229 Der Weg der Stille
230 Die Himmlische Stadt
231 Saaten des Glücks
232 Feuer und Wasser – Wunderkräfte der Schöpfung
233 Eine Zukunft für die Jugend
234 Die Wahrheit, Frucht der Weisheit und der Liebe
235 Im Geist und in der Wahrheit – Wie finde ich zu Gott
236 Weisheit aus der Kabbala

237 Das kosmische Gleichgewicht – Die Zahl 2
238 Der Glaube versetzt Berge
239 Die Liebe ist größer als der Glaube
240 Söhne und Töchter Gottes
241 Der Stein der Weisen
242 Unerschöpfliche Quellen der Freude
243 Das Lächeln des Weisen
244 Dem Licht entgegen

Reihe Broschüren

301 Das neue Jahr
302 Die Meditation
303 Die Atmung
304 Der Tod und das Leben im Jenseits
305 Das Gebet
306 Musik und Gesang im spirituellen Leben
307 Das hohe Ideal
308 Das Osterfest – Die Auferstehung und das Leben
309 Die Aura, unsere geistige Haut
310 In die Stille gehen
311 Wie sich die Gedanken in der Materie verwirklichen
312 Die Reinkarnation
313 Das Vaterunser
314 Das Gesetz der Gerechtigkeit und das Gesetz der Liebe
315 Die Quelle des Lebens
316 Die Nahrung, ein Liebesbrief des Schöpfers
317 Die Kunst und das Leben
318 Die wesentliche Aufgabe der Mutter während der Schwangerschaft
319 Die Seele, Instrument des Geistes
320 Menschliches und göttliches Wort
321 Weihnachten und das Mysterium der Geburt Christi
322 Die spirituellen Grundlagen der Medizin
323 Meditationen beim Sonnenaufgang
324 Der Friede, ein höherer Bewusstseinszustand
325 Das Ideal des brüderlichen Lebens
326 Die ganze Schöpfung wohnt in uns
327 Der Preis der Freiheit

Verlage und Auslieferungen

Hauptverlag in Frankreich:
Éditions Prosveta S.A., B.P. 12 – F-83601 Fréjus Cedex
Tel. (33) 04 94 19 33 33, Fax (33) 04 94 19 33 34

Deutschland
Prosveta Verlag GmbH
Grabenstr. 14, 78661 Dietingen
Tel. 07427-3430
E-Mail: kontakt@prosveta.de
Internet: www.prosveta.de

Österreich
Harmoniequell Versand
Ulmenweg 8, 5302 Henndorf
Tel. und Fax 06214 7413
E-Mail: info@prosveta.at
Internet: www.prosveta.at

Schweiz
Éditions Prosveta
1808 Les Monts-de-Corsier 13
Tel. 021 921 92 18, Fax 021 922 92 04
E-Mail: editions@prosveta.ch
Internet: www.prosveta.ch

Weitere Adressen finden Sie unter:
www.prosveta.de/informationen/bestelladressen

Wenn Sie sich über die Anwendung der Lehre von Omraam Mikhaël Aïvanhov informieren möchten, wenden Sie sich bitte an eine der folgenden Adressen:

Deutschland
UWB e.V., Marienstr. 33, 78588 Denkingen
Internet: www.uwb-ev.de, E-Mail: info@aivanhov.de

Schweiz
FBU, Chemin de la Céramone, 1808 Les-Monts-de-Corsier
Telefon 021-921 93 90, Telefax 021-923 51 27

Österreich
UWB, Tel. 01 27 698 32
Internet: www.uwb.at, E-Mail: uwb@omraam.org